DEBUT D'UNE SERIE DE DOCUMENTS EN COULEUR

HISTOIRE

DE LA GUERRE

DES

ANABAPTISTES

PAR

ALEXANDRE WEILL

« L'Histoire est le Tribunal
du monde. »
SCHILLER.

PARIS

DENTU, LIBRAIRE-ÉDITEUR

13, Galerie d'Orléans, 13

1874

Aucun homme sérieux, de n'importe quel parti, ne comprendra bien la portée des événements actuels, sans avoir lu cette histoire.

Imp. V. Fillion et Cie, rue des Martyrs, 18 et 18 bis

Les personnes qui ne s'intéressent aux discussions du verbe que lorsqu'il devient sang et chair, feront bien de lire la troisième phase de cette guerre avant les deux premières.

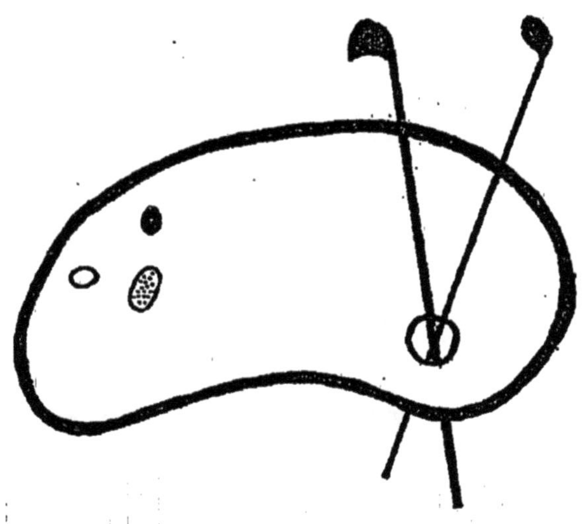

FIN D'UNE SERIE DE DOCUMENTS
EN COULEUR

HISTOIRE

DE LA GUERRE

DES

ANABAPTISTES

HISTOIRE

DE LA GUERRE

DES

ANABAPTISTES

PAR

ALEXANDRE WEILL

« L'Histoire est le Tribunal
du monde. »
Schiller.

PARIS

DENTU, LIBRAIRE-ÉDITEUR

13, Galerie d'Orléans, 13

—

1874

Tous droits réservés

A Monsieur Charles FAUVETY

Il y a vingt-sept ans que j'ai commencé à écrire l'histoire de la *Guerre des Anabaptistes*. Je viens seulement de l'achever, et vous la dédie comme témoignage de ma sincère et inébranlable amitié.

Il ne me reste qu'à rendre grâces à Dieu de m'avoir accordé assez de jours pour finir mon œuvre et un ami comme vous pour la lui dédier!

Etretat, le 20 août 1874.

ALEXANDRE WEILL.

INTRODUCTION

—

LA GUERRE SPIRITUELLE

Les Anabaptistes sont des chrétiens radicaux, les républicains socialistes du XVIe siècle, sortis des Luthériens et des Zwingliens. On les appelle *Anabaptistes*, c'est-à-dire *Rebaptisants* ou *Rebaptiseurs* (Wiedertaüfer) parce que, selon une de leurs doctrines, le baptême est un sacrilége, s'il n'est pas précédé par la foi. Considérant donc le baptême de l'enfant comme nul de soi, ils se rebaptisaient et ce rebaptême leur paraissait obligatoire, comme nouveau signe d'alliance et de régénération sociale.

Le commencement de la *Guerre des Anabaptistes* coïncide avec la *Guerre des Paysans*, dont ils furent en partie les chefs, et dont j'ai recueilli les documents dans un volume. Mais elle n'a pas cessé un jour, même après la défaite des paysans (1525 et 1526), jusqu'après la catastrophe de Munster (1535), et pendant ces dix ans elle a coûté la vie à plus de cent mille êtres humains, dont un grand nombre de femmes et d'enfants. Semblable à une épidémie contagieuse, elle a éclaté tour à tour en Saxe, en Suisse, en Alsace, en Thuringe, en Bohême, en Silésie, en Prusse, en Suède, en Danemark, et en dernier lieu en Westphalie et en Hollande.

A peine la croyait-on étouffée dans un pays, qu'elle éclatait, plus violente, plus irrésistible dans un autre, à deux cents lieues de là, et quand, à la fin, l'anabaptisme fut vaincu, grâce à la coalition des Catholiques et des Luthériens de tout l'empire germanique, les vainqueurs s'entr'égorgèrent et s'exterminèrent les uns les autres dans toute l'Europe, pendant plus d'un siècle, au nom du vrai Christ et de la vraie foi !

Dans ses débuts, la *Guerre des Anabaptistes* est une guerre spirituelle et scolastique. Avant de se transformer en faits sociaux, avant de s'écrire avec du sang, elle a fait verser des torrents d'encre, depuis la Suisse et l'Alsace jusqu'à la Hollande, jusqu'à la Suède et à la Bohême. A lire ces interminables discussions sur la grâce, le baptême, le pardon, le Saint-Esprit, l'Eucharistie et le Christ, on dirait qu'il ne s'agit que de principes abstraits agités dans une assemblée de docteurs et de saints. Il n'en est rien. Sous ces dénominations scolastiques, derrière ces tournois théologiques, ressuscités du temps des rabbins et des docteurs de la synagogue, se joue le sort des empires et des nations. Toute la société politique, toutes les monarchies catholiques et protestantes d'alors devaient disparaître sous des mots abstraits dont la signification ésoterique n'était d'abord connue que des initiés.

Etablissons d'abord les points principaux de discorde entre les Catholiques, les Luthériens et les Anabaptistes. Ils sont nombreux. Je vais les réduire à trois. Le rôle de l'historien est, non-seulement d'éclaircir les faits par les lumières de la raison, de les subordonner aux principes, mais encore de les *concréter*, de les *synthétiser*, ou si l'on aime mieux, de les résumer selon l'esprit, avec ordre et clarté.

J'essaierai en même temps d'expliquer comment de tant de vertus, de tant de martyres n'ont jailli que crimes et avortements! Comment l'homme, si supérieur qu'il soit, dès qu'il quitte la voie de la raison — conduisant seule à Dieu, parce que seule elle fait connaître ses lois — n'aboutit qu'à des erreurs qui, semblables aux maladies innombrables contre la santé *une*, se comptent par milliers contre la vérité *une* et n'enfantent que des horreurs!

Le premier point — ce fut et c'est encore le point pivotal de la société, — c'est le *pardon*, ou comme les Allemands théologiques d'alors l'appelaient : la *Justification*. (Rechtfertigung.)

On sait que Luther a commencé ses attaques contre la papauté en fulminant contre les indulgences payées. Dans sa doctrine primitive — plus tard il a varié — il avait remplacé ce principe de pardon par la *foi*. Pour être pardonné, selon Luther, il faut croire en Jésus, il faut avoir foi en lui, l'œuvre humaine n'étant jamais exempte de péché. C'est la doctrine de saint Paul dans toute sa finas-

1.

serie rabl nique et talmudique. Saint Jacques, au contraire, exigeait *la bonne œuvre,* selon un autre rabbin, disant : « *La foi n'est rien sans l'œuvre.* » Et de même que le Talmud, il y a douze siècles, disait : « Tout est dans la main de l'homme, excepté la foi qui vient de Dieu, » de même Luther disait que la foi était une grâce divine. En d'autres termes, Luther croyait que l'homme était né dans le péché, qu'il ne pouvait arriver au salut que par la foi en Jésus, et que l'œuvre, étant toujours entachée de péché, ne suffisait pas pour que l'ouvrier fût pardonné.

A cela les Anabaptistes répondaient qu'il ne valait pas la peine d'attaquer les indulgences, si l'on peut obtenir le pardon par la foi. Dans leur crudité, ils disaient qu'au fond ce n'était *qu'un pardon à meilleur marché,* que mieux vaudrait encore le payer argent comptant, la foi ne coûtant rien.

Ils proclamèrent donc qu'il fallait absolument la bonne œuvre. Que la foi sans l'œuvre n'était qu'une comédie lugubre. Qu'il fallait que le chrétien fût régénéré et qu'avant la régénération intérieure, il n'était pas digne de recevoir le baptême.

Si les Anabaptistes s'étaient tenus dans ces limites, leur victoire eût été certaine. Les amis et les collaborateurs de Luther même, tels que Carlstadt et Cellarius, opinaient à cet égard avec Munzer contre Luther. Mais poussant ces principes jusqu'aux conséquences extrêmes, ils arrivèrent logiquement à des erreurs qui devaient leur être fatales.

Voici ces erreurs :

Les chrétiens régénérés par l'œuvre doivent former une assemblée de saints, pour fonder le règne du Christ sur la terre. L'esprit n'a été donné à l'homme que pour tuer la chair et la diviniser. Au lieu de prendre l'homme tel qu'il est, un corps servant, par l'exercice des organes, les plans de la raison et s'assurant par la même raison la jouissance légitime de tous les bonheurs, — semblable aux rails du chemin réglant et assurant les mouvements d'une locomotive — ils rêvèrent *un homme régénéré*, entièrement libre par l'esprit du Christ, une espèce d'ange terrestre, *une société de saints sans autorité, se gouvernant exclusivement par le verbe, jamais par le glaive et vivant, comme les premiers apôtres, en parfaite communauté de biens.*

Les premiers Anabaptistes étaient de sévères monogames, condamnant à mort tout adultère et toute fornication. Mais avec la communauté des biens, la communauté des femmes est inévitable. Les erreurs s'engrènent l'une l'autre. La logique est aussi puissante dans le mal que dans le bien. Nul pouvoir humain ne tirera d'une erreur spirituelle un bienfait matériel. Toujours les roses produiront des roses et les chardons des chardons.

Le principe de régénération par le rebaptême condamnait tout gouvernement *basé sur le glaive.*

Là est la cause de la guerre d'extermination que Catholiques et Luthériens ont déclarée aux Anabaptistes. N'admettant qu'un verbe sans glaive, ils attaquaient et condamnaient toute monarchie, toute autorité non élue, et, incidemment, ils proclamaient la souveraineté des gouvernés sur les gouvernants. C'était, en un mot, la proclamation d'une *République chrétienne universelle*.

Si les Anabaptistes s'étaient tenus à ce principe, en le conformant aux lois de Dieu et de l'homme, leur principe eût été inexpugnable. Mais, l'ayant fondé sur une erreur capitale, contraire aux lois de la nature, non-seulement ils ont été forcés de se donner de cruels démentis, en tombant de l'anarchie au despotisme, mais, dès leur apparition, ils se sont aliéné les hommes raisonnables de tous les partis.

Ce principe faux le voici : « L'homme est né ou *régénéré bon*. Le verbe lui suffit. Il n'a pas besoin de la force qui s'appelle Justice! » Toute autorité basée sur le glaive, c'est-à-dire *sur le Devoir forcé*, est illégitime, nulle de soi et doit être renversée.

C'est archi-faux, contraire à toutes les lois de la nature! C'est l'erreur mère de toutes les horreurs sociales.

La nature entière repose et ne repose que sur le devoir. Si les planètes, les animaux et les plantes pouvaient refuser ce devoir, l'Univers croulerait et disparaîtrait. L'homme seul, par son libre arbitre, peut manquer à ses devoirs d'où seuls jaillissent ses droits. Certes, le premier devoir d'une société est d'enseigner gratuitement et obligatoirement tous leurs devoirs à tous ses membres, en leur prouvant par la raison que selon la loi divine et humaine, tout manquement au devoir produit une négation ou la destruction d'un droit; qu'il existe une force, une *Loi* supérieure, quel qu'en soit le nom; loi inhérente et visible dans la nature; loi qui ne pardonne jamais une violation du devoir, pas même par l'accomplissement d'un autre devoir, et qu'en vertu de cette loi supérieure tout homme qui ne remplit pas son devoir *volontairement par la vertu*, doit le remplir *forcément par la justice*. Autrement nulle société, nulle cité, nulle famille, nul individu ne durera six mois.

L'histoire est la preuve vécue et vivante de cette vérité. Elle n'a pas d'autre but.

Le Créateur, comme qu'on l'appelle, a organisé les hommes d'une manière admirable, non pas seulement pour leur bonheur, mais pour le bonheur de tous les êtres qui l'entourent et dont il est le maître. Dès que l'homme se crée des malheurs par la violation de ses devoirs, tous les êtres sont frappés et leurs maladies réagissent sur lui d'une manière inexorable. La solidarité des êtres est chose flagrante et indubitable. La loi de Dieu veut qu'on ne garantisse ses propres droits qu'en défendant par ses devoirs accomplis les droits des autres.

Or, dans la nature, précisément pour remplir les devoirs envers tous les êtres, la grande majorité des humains sont créés pour des métiers et des travaux manuels. La grande minorité n'existe que pour penser, inventer, ordonner et commander. Un seul homme peut penser pour des millions de ses semblables, mais il ne peut travailler que pour un. Un seul peut commander à des millions, son pouvoir intellectuel centuplant les forces de ses subordonnés, absolument comme le chiffre qui donne une valeur aux zéros. Si la société mettait toujours chaque homme à sa place et que tous y consentissent, on n'aurait jamais besoin d'employer la Justice et la Force. Mais d'ordinaire l'homme ne se connaît pas. C'est pour exprimer cette idée que la Bible dit que l'homme naît présomptueux et méchant. Non-seulement l'homme de génie ou de talent se croit fort pour exploiter ses frères les plus faibles, mais le plus faible se croit plus fort qu'il n'est et veut usurper la place du chiffre qu'il annihile, en se mettant devant lui.

Et jamais ces rapports sociaux ne changeront, le ciel descendît-il sur la terre ! On donnerait à tout être humain un professeur de génie et cent mille livres de rentes, en moins de cinq ans l'état de choses serait le même qu'auparavant. Un certain nombre d'hommes feraient leurs devoirs *volontairement* par la *Raison* et la *Vertu,* mais le grand nombre ne les feraient et ne les feront jamais que *forcés par la Justice.* Rêver autre chose, c'est plus qu'une utopie, c'est de la folie conduisant au chaos social. La différence capitale entre l'organisation des Etats n'est donc pas dans la forme monarchique ou républicaine, mais dans la proclamation des *Devoirs* ou des *Droits,* dans l'établissement de la *Justice* après l'enseignement de la *Vertu.* Toute la différence entre la Monarchie et la République consiste en ceci : Quand l'autorité d'une République manque à ses devoirs, la société n'a pas besoin de renverser la Justice sociale par une révolution, une élection y suffit. Dans une Monarchie, au contraire, basée sur l'erreur d'une religion idolâtrique ou athée, il faut, pour rentrer dans la Justice, une révolution versant bien vite dans l'anarchie, qui est au despotisme ce qu'est la boue liquide à la boue congelée. La République est donc *de droit naturel*, conforme à la loi de Dieu, mais à condition qu'au lieu d'être fondée sur *les Droits*, elle ne le sera que sur les *Devoirs de l'homme*, volontaires et forcés.

Nulle société basée uniquement sur les Droits de l'homme ne durera. Il faut qu'avant tout, tout citoyen puisse être forcé de faire son devoir; devoir qui se trouve dans la loi de la nature et de Dieu. Dès qu'une société admet un Dieu qui trouble cette loi, pardonnant un crime, détachant l'effet de la cause, par la grâce ou le miracle, nulle justice n'est plus possible et sans justice pas de devoir, et sans devoir accompli, soit par la vertu, soit par la justice, nul droit n'est garanti un jour et nous avons toujours, d'abord l'anarchie, puis le despotisme, puis des guerres, des pestes, des famines, une désolation universelle.

Les Anabaptistes eux-mêmes, dès qu'ils ont voulu fonder une société, une simple cité, ont été forcés d'abandonner leur devise : *pas d'autorité par le glaive*. Au bout de neuf mois d'existence, la ville anabaptiste de Munster, pour combattre l'anarchie, a déclaré *que toute autorité venait de Dieu*. Quelques mois après, Jean de Leyde se proclama roi de la Justice universelle avec deux glaives !

La vérité est que Catholiques, Protestants et Anabaptistes, ressemblaient, dans leurs guerres, à trois athlètes se battant dans une cave, dont deux étaient aveugles et le troisième borgne.

Les Catholiques prétendaient que l'Eglise, le pape en tête, avait le pouvoir de pardonner moyennant le repentir exprimé par des actes expiatoires tels que : jeûnes, prières, aumônes. Les indulgences n'étaient que l'abus de ce principe, abus inévitable quand le principe est faux.

Luther et ses adhérents disaient que nul pouvoir humain n'avait le droit de pardonner, que le pardon ne s'obtenait que par la foi en Jésus, qui elle seule, a force de justification et de redressement. Bientôt pourtant Luther lui-même fulminait contre les vices croissants de ses protestants. Pour ne plus racheter leurs péchés par des indulgences, ils n'en étaient pas devenus meilleurs. Ils ne pouvaient pas le devenir. Le principe de pardon par la foi est aussi contraire à la loi de Dieu que le pardon par les indulgences.

Les Anabaptistes, eux, croyaient que le pardon ne s'obtenait que par la bonne œuvre, transformant et régénérant le corps, en le soumettant à l'esprit.

Or, il n'y a pas de pardon du tout dans la nature. Il n'y en a jamais eu. Avec le pardon la nature n'aurait jamais pù exister. Certes, toute vertu qui est un accomplissement de devoir enfante un droit, une jouissance, un bonheur réel, sinon pour la personne vertueuse même qui le dédaigne, du moins pour le prochain. Mais l'œuvre bonne ne couvre pas l'œuvre mauvaise. Les effets de chaque cause se produisent latéralement ou successivement. Les lois de la nature créées par Dieu et qu'il ne viole jamais sont strictes et immuables. *Jamais crime n'a été pardonné, pas même par un bienfait.* Et de là vient qu'en apparence ceux qui font du bien subissent parfois encore les peines des crimes de leurs ancêtres, tandis que ceux qui font le mal récoltent encore les fruits des bienfaits antérieurs. Cette solidarité restreinte n'est nullement en dehors de la nature, puisqu'il y a une solidarité universelle indéniable et palpable.

Le mal produit toujours un autre mal et ce n'est qu'après son expiration réelle, que l'œuvre de bien, à son tour, enfante le bien. Il n'est pas de pouvoir divin ni humain qui puisse pardonner un crime commis et irréparable. Dès qu'il est perpétré, le Temps, ce messager direct de Dieu et de la nature, le saisit, le couve et en fait sortir les effets.

Non-seulement Dieu est juste, mais il n'est absolument que Justice.

Il a créé l'homme libre, en lui donnant la raison, et le pouvoir de discerner le bien du mal. Il aurait pu le créer illibre et heureux, mais il est plus grand d'être libre, au risque d'être malheureux, qu'heureux avec la certitude de rester esclave.

Pour être heureux il n'y a qu'une seule voie, absolument une seule. Il faut opter pour le bien, il faut être juste. Les hommes n'ont rien à reprocher à leur Créateur. Tous nos malheurs, y compris nos maladies, y compris les perturbations des éléments, sortent de nos injustices ; tous nos bon-

2

heurs, au contraire, jaillissent de notre justice, et tout homme sent d'instinct ce qui est juste et ce qui ne l'est pas.

La société n'a qu'un but. Enseigner à l'homme à faire son devoir volontairement par la *Vertu*, ou l'y forcer par la *Justice*, en cas de refus.

De ces devoirs accomplis jaillissent les droits de chacun.

Dès qu'on admet un droit primitif et non corrélatif au devoir, l'homme, fort par l'esprit, fort par le pouvoir physique, ou fort en s'associant à d'autres malfaiteurs, exploitera les faibles, et chacun l'imitant, tous arrivent inévitablement à l'anarchie et au despotisme et n'en sortiront plus que par la vérité du devoir.

Si Dieu avait jamais pardonné un crime, il les aurait toujours pardonnés tous, et les hommes eussent toujours été heureux. Il ne lui en coûte pas plus d'en pardonner mille qu'un seul. Et, si le monde, malgré nos injustices, existe, c'est que précisément toute vertu, à son tour, engendre le bien et le bonheur. Jamais mal n'a effacé les effets du bien ! Jamais bien n'a détruit les effets du mal ! Partout où les hommes sont arrivés à reconnaître cette vérité, à la fois divine et humaine, ils ont connu la paix, la liberté et la prospérité, car la prospérité matérielle est fille de la vérité spirituelle. Partout où l'homme a proclamé Dieu et sa justice, il a, par les devoirs accomplis, assuré tous les droits. Dès que l'homme entre dans l'erreur qui aboutit toujours, soit à l'idolâtrie, soit à l'athéisme, deux extrêmes représentant le droit absolu sans devoir, il tombe, pris de vertige, de l'anarchie au despotisme et du despotisme dans l'anarchie. Point n'est besoin de menacer les hommes de l'enfer et du purgatoire. Il n'est pas de plus grand enfer que la guerre civile et l'invasion !

Cette vérité, qui est absolue, se manifeste et s'incarne dans tous les événements de l'histoire.

Il s'ensuit qu'il n'y aura jamais une société de *saints*, faisant tous leurs devoirs volontairement, sans y être forcés par la Justice légale. Jamais non plus les mœurs ne vaudront mieux que les lois ! Bien au contraire ! Nulle part il n'y aura de mœurs que grâce à la coërcition de la loi. Sans cette justice représentée par l'autorité, obligeant les forts à faire leurs devoirs, jamais les faibles ne jouiront de leurs droits. Le règne du Christ sur la terre rêvé par les Anabaptistes dans le sens indiqué, est une utopie malsaine frisant la démence. Il est douteux même que les hommes arrivent au règne de la Justice. On peut, comme Moïse l'a fait, forcer les riches, par une loi, à vouer le dixième de leur fortune aux pauvres, mais à condition que sous le mot *pauvre* on n'entendra que l'enfance, la vieillesse et l'infirmité ; à condition que tout homme valide, quel qu'il soit, pourra être forcé de travailler, et s'il se révolte, d'être retranché de la société, comme un membre gangrené.

Aussi Moïse, le premier républicain législateur du monde, n'a-t-il jamais, comme Lycurgue ou Solon ou Numa, énoncé un droit. Tous ses commandements sont des devoirs dictés aux forts, sachant, d'après la loi divine, que des devoirs accomplis seuls sortent les droits.

Il ne dit pas au faible : « Tu as le droit de jouir de ta propriété, de ta maison, de ta femme. » Mais il dit au fort:«Tu ne voleras pas, sous peine de restitution double et triple. »

Il y ajoute que cette justice est basée sur la justice de Dieu, la loi de la nature, qui venge tout crime sans jamais pardonner. Il répète cela plus de dix fois, (voir les textes dans mon *Moïse et le Talmud*), car, comment exiger d'un mortel qu'il accomplisse ses devoirs, dès qu'il croit que ses prévarications et ses crimes peuvent être pardonnés, soit par un prêtre, soit par Dieu lui-même, soit par le temps qui les couvre? Supposé un tyran, homme fort par l'esprit, s'appropriant le travail des autres, leur enlevant leurs filles pour ses plaisirs et leurs fils pour en faire ses valets, s'emparant de toutes les richesses acquises et partageant ses vices et les fruits de ses méfaits avec ses soudards, qu'ils croient annoblir par des titres pompeux. Supposé un pape, un prêtre, un prophète, venant lui reprocher ses crimes, en le menaçant de la justice de Dieu.

« Tu plaisantes, lui dira cet aimable détenteur du pouvoir. Puisque Dieu peut tout, qu'il peut violer ou suspendre les lois de la nature, ce même Dieu qui m'a donné plus de forces qu'à toi, et qui m'aime visiblement, me pardonnera. Cela lui coûte si peu. Un signe, un mot, un miracle, y suffit. Annihilant les effets de mes péchés il les rendra nuls et nonexistants. Ou bien je me convertirai, je ferai pénitence, quand je ne pourrai plus pêcher, je deviendrai un repenti et j'entrerai au ciel. Je deviendrai même vertueux et mes vertus futures couvriront mes crimes passés. » Le mot *pardonner* en hébreu s'appelle *kipour, couvrir*. David, le premier, après son crime d'Ourie, a chanté le pardon dans un psaume. Moïse, ni Samuel, ni Isaïe, ne l'ont jamais admis. J'ai prouvé, textes en main, que les quelques phrases de Pardon, qui se trouvent dans le Pentateuque sont d'Esra, qui est aussi l'auteur de la *Fête du pardon* imitée des Persans. Dans toute l'histoire du premier temple, depuis Josué jusqu'aux Macchabées, il ne se trouve la moindre mention de cette fête, bien que les jeûnes, comme dans tous les pays chauds, fussent acceptés en apparence comme une contrition volontaire, mais, en réalité, comme mesure hygiénique.

Moïse, comme législateur, n'a jamais parlé d'une autre justice que de celle qui se manifeste sur la terre. Dans deux chapitres (*Lévitique*, chap. 26, depuis v. 14 jusqu'à 45 ; *Deutéronome*, chap. 7, du v. 21 jusqu'à 26), qui resteront comme d'éternelles vérités philosophiques, il dit à son peuple : que sa prospérité, sa santé et ses progrès dans le bien et dans le bonheur, dépendront uniquement de l'obéissance à ses lois de devoir et de leur stricte exécution. En cas de désobéissance à ces lois et de violation de ces devoirs, Moïse ne menace son peuple ni du purgatoire, ni de l'enfer au ciel, mais de l'anarchie, du despotisme, de toutes les pestes, de toutes les maladies connues et inconnues, et finalement, de l'invasion et de la destruction de la nationalité comme peuple. Et ces prédictions se sont accomplies à la lettre et s'accompliront toujours pour tous les peuples de l'Univers (1).

(1) Si l'on veut se convaincre de l'ignorance et de la mauvaise foi des traducteurs rabbiniques et chrétiens *pardonniers* de la Bible, on n'a qu'à lire le premier chapitre d'Isaïe. Dans ce chapitre, le prophète mosaiste et philosophe dit aux Israélites, au nom de Jéhovah : « Je ne veux pas de vos sacrifices, ils ne me font rien ; ni de vos fêtes, je les dédaigne ; ni de vos prières, je les trouve absurdes. Je n'ai que faire de vos cérémonies et de vos simagrées. Ce qu'il me faut, c'est la justice, c'est la destruction de l'injustice et du crime, c'est le devoir accompli envers le faible, le pauvre, l'orphelin et la veuve. »

Puis tout-à-coup, verset 18 : « Venez, que nous discutions ensemble, dit Jéhovah ; si vos péchés sont rouges comme pourpre, ils blanchiront comme neige », (traduction universelle). Puis verset 19 : « Si vous m'écoutez, vous mangerez le bien du pays, sinon le glaive vous dévorera. »

La contradiction entre ces deux versets est flagrante, et les docteurs de toutes les nations, pour les accorder, après avoir écrit des volumes, ont jeté leur langue aux chiens. Comment, en effet, accorder la phrase : « Si vous faites le bien, vous serez heureux, sinon le glaive vous dévorera », avec celle qui précède, disant que de lui-même Dieu transformera les péchés rouges de pourpre en une blancheur de neige et de laine? C'est un non-sens. Or, non seulement Isaïe ne s'est pas contredit, mais la phrase même en question est une condamnation du pardon. Quiconque sait le génie de la langue hébraïque, peut s'assurer au premier abord que le verset 18 est une interrogation. « Venez, dit Jéhovah, que nous discutions un peu. Si vos péchés sont rouges comme pourpre, blanchiront-ils comme neige d'eux-mêmes? » *Nullement !* Ce mot est sous-entendu, comme cela arrive souvent dans cette langue, la plus elliptique de toutes les langues. « Si vous m'écoutez, vous

Aussi les Anabaptistes, dès qu'ils eurent admis le pardon, se trouvaient dans un cercle vicieux qui devait, en se resserrant, les étreindre et les étrangler. Ce cercle était d'autant plus vicieux, qu'admettant l'individualité regénérée et divine de l'homme, par la mortification de la chair, par la destruction du péché, ils ont nié la science et les lois de la nature, et n'ont plus admis que l'inspiration divine de l'individu par le Christ, si folle que fût cette inspiration, et qui a bien vite dégénéré en prophéties absurdes et charlatanesques.

Nous touchons au second point de discorde spirituelle.

Luther, se tenant strictement à l'Écriture, rejeta en bloc toutes les interprétations de l'Église, tous les dogmes des Conciles, toutes les bulles papales, et n'admit en réalité que sa propre interprétation, en se tenant plus cependant à la lettre que nombre de ses adversaires. On connaît ses dissertations publiques avec Carlstadt, Eck et Zwingli, que les Français appellent Zwingle ; dissertations qui, d'ailleurs, n'ont abouti à rien. Zwingli niait la présence réelle dans l'Eucharistie. Luther, pour le convaincre, l'interrompait, en répétant, et cela pendant plus d'une heure, les paroles de Jésus : « Ceci est mon corps. » Les premiers Anabaptistes de Zwickau ne niaient ni la révélation ni le Saint-Esprit. Ils pré-

mangerez le bien du pays, sinon mon glaive vous mangera vous-mêmes. C'est là, le seul passage d'Isaïe sur lequel les partisans du pardon ont élevé leurs temples religieux. On voit sur quelles bases fragiles ils ont bâti.

tendaient seulement que le Saint-Esprit n'avait pas cessé de souffler parce que l'Ecriture est close, ajoutant que la révélation divine est permanente dans l'humanité, et qu'elle se manifeste plutôt par les petits, par les intermédiaires du peuple travailleur, en dehors des classes savantes et gouvernantes.

Munzer lui-même, bien versé dans la science biblique, quand on le pressait par un texte sacré, s'écriait : « Bible, Buble! Bable! au diable! » La Bible avait sa raison d'être pour les prophètes d'alors. A d'autres temps, d'autres prophètes !

Si ces sortes de prophéties, comme celles du premier temple dans la Judée, avaient été basées sur la loi immuable de Dieu et de la nature, identique avec la raison philosophique des causes et des effets, Munzer eût certainement triomphé de Luther. Mais les Anabaptistes, rejetaient non-seulement toute philosophie, mais toute science basée sur la loi de la nature. Ils ne croyaient qu'à l'inspiration divine. Plusieurs historiens expliquent ce fait par la malveillance des savants à leur égard, par l'opposition du sentiment à la raison. Peu importe! Nulle œuvre ne peut durer en dehors de la raison. Le cœur de l'homme même sans raison ne ferait que des folies. Une fois purifié par le Saint-Esprit et régénéré dans le Christ, tout Anabaptiste était censé avoir le pouvoir de la prophétie par l'inspiration et la révélation d'en haut. Chose curieuse! cette croyance était conforme à l'esprit universel de cette époque. Bon nombre d'hommes distingués du XVIe siècle, non-seulement croyaient à l'astrologie, mais au pouvoir magique et individuel, non par la force du génie, mais par l'inspiration d'en haut.

La philosophie occulte et la magie étaient très-populaires dans toute l'Europe du XVIe siècle. Reuchlin et Vénétus, deux savants qui ont existé vers la fin du XVe siècle, en étaient pour ainsi dire les initiateurs (1).

Tous deux étaient convaincus que la véritable sagesse, loin d'être enseignée par la raison, ne pouvait être acquise que par l'intuition et l'harmonie intérieure ; tous deux s'absorbaient dans les méandres secrets et mystiques de la Kabbale, qu'ils regardaient comme la seule et véritable source de la science. Ils croyaient aux esprits et aux démons, à l'art de les évoquer et de les faire disparaître, dans le but de vaincre et d'intervertir les lois de la nature.

Un des hommes les plus populaires de ce temps, charlatan selon les uns, grand philosophe selon les autres, mais en tout cas puissant propagateur de la science magique, fut Cornélius Agrippa. Après avoir publié plusieurs ouvrages de magie, tels que : *De occultâ philosophiâ* et *De vanitate scientiarum,* il parcourut l'Europe, et fut reçu avec distinction à toutes les cours, notamment à Paris. C'est aussi entre la guerre des Paysans et celle des Anabaptistes

(1) Reuchlin. *De verbo mirifico et de arte cabbalistica.* Venetus, *Cantica tria de Harmonia mundi totius.*(Voir des extraits dans l'historien allemand Hast.)

que surgit la légende de Faust, dramatisée plus tard par Goëthe.

L'engouement des grands pour la magie était extraordinaire. En 1528, la cour française fit venir de l'Allemagne un magicien (d'aucuns prétendent que ce fut Agrippa) dans le but de résister à l'empereur d'Allemagne, absolument comme Balack, qui fit venir Balaam pour maudire le peuple d'Israël. Grâce à la science occulte, la cour croyait pouvoir faire revenir dans un char de feu les princes français prisonniers à Madrid. La magie était également employée dans les intrigues matrimoniales ; bref, ce fut le beau temps des incantations et des cercles cabalistiques. Charles-Quint lui-même croyait à la magie. Luther ne voyait partout que démons et que diables : quant à Mélanchton, voici une lettre autographe qui caractérise bien cet homme. « Cette année, — c'est ainsi qu'il écrit à un de ses amis, — on annonce des choses miraculeuses. On dit qu'à Rome, une mule a mis bas. Dans le voisinage d'Augsbourg un veau à deux têtes est venu au monde, ce qui sans doute prouve des changements dans nos autorités (la conclusion est logique, mais peu flatteuse). » « Parce que je sais, dit-il dans la biographie de Régimontanus, que les esprits des hommes sont dominés par des influences célestes, je crois devoir parler de la constellation sous laquelle il est né. » On sait que Wallenstein était grand partisan de l'astrologie. En général, tout le XVI\[e\] siècle est un siècle de magie et de cercles cabalistiques. Les Anabaptistes, en déclarant que la voix intérieure seule devait être écoutée, n'étaient pas en désaccord avec la science populaire de leur époque.

Quant à l'érudition proprement dite, d'aucuns d'entre les Anabaptistes étaient de grands érudits, versés dans la science des langues et de la théologie. Mais l'homme, selon leur principe, ne devait vivre que du travail de ses mains. La science était regardée comme de la fainéantise. N'admettant ni cérémonies religieuses, ni Sabath, ils rejetaient les beaux-arts qui ne sont en réalité que le culte de la divinité. Plus tard ils ont admis la musique. Plusieurs savants anabaptistes ont appris un métier pour gagner leur vie. Les arts et la science cadrent d'ailleurs très-mal avec la communauté des biens.

Ce second point litigieux entre Luthériens et Anabaptistes a produit des phénomènes frisant la démence.

Mais, pour expliquer la possibilité de ces phénomènes, il faut songer que leurs adversaires, dont ils procédaient, étaient dans le faux jusqu'au cou aussi bien qu'eux et qu'ils n'ont fait que pousser leurs principes communs jusqu'à l'extrême, jusqu'à l'absurde, on dirait pour en démontrer la fausseté absolue.

Que disait l'Église catholique? Dieu, après avoir créé le monde, l'ayant laissé dans le péché et dans l'ignorance, s'est révélé d'abord à Moïse face à face et bouche à bouche. Moïse dit lui-même le contraire dans le Deutéronome, (chap. 30, v. 11.) « La » doctrine que je t'impose, dit-il, n'est pas *miracu-* » *leuse,* ni éloignée de toi. *Elle ne vient pas du ciel,* » pour que tu dises qui montera au ciel pour la

» prendre et nous l'enseigner. Elle n'est pas au-delà
» de la mer, pour que tu dises qui ira au-delà de la
» mer la prendre et nous la faire entendre! *Ce verbe*
» est tout près de toi dans ta bouche, dans ton
» cœur, afin que tu l'exécutes. J'ai exposé de-
» vant toi la vie et la mort, le bien et le mal,
» choisis ! » Puis (chap. 29, v. 28): « Les mystères
sont à Dieu. A nous appartient tout ce qui est ou-
vert, à nous et à nos enfants. » Les faits miraculeux
du Pentateuque sont l'œuvre d'Esra. Plus tard, dit
l'Église, Dieu, au lieu de se révéler à un homme,
s'est fait homme lui-même et par sa mort volontaire
a rédimé l'humanité. Plus tard encore il a fondé
l'Eglise qui continue de représenter la parole révélée. Cette Eglise est infaillible, c'est-à-dire divine.
De nos jours, l'infaillibilité a été transférée sur la
personne du pape même. *La Révélation est donc
permanente*, autrement l'Eglise ou le pape ne serait
pas infaillible. Les Anabaptistes n'ont pas dit autre
chose. La révélation permanente est une de leurs
doctrines pivotales. Seulement elle n'a point besoin
d'une Eglise, encore moins d'un pape. Tout chrétien
régénéré, muni du sceau de l'alliance, a sa part d'infaillibilité et de papauté, uniquement par la grâce de
Dieu. *Dans cette société de saints, tout doit être
commun, même le verbe de Dieu.*

C'est la communauté de la papauté !

Luther, rejetant la continuité de la révélation,
s'arrêta à l'Ecriture. » Alors pourquoi l'arrêter à
saint Paul et non à saint Jean, lui répondit Munzer,
pourquoi l'arrêter à Jésus et non à Isaïe, pourquoi

à Isaïe plutôt qu'à Moïse; à Moïse plutôt qu'à Abraham; à Abraham plutôt qu'à Noé? Ou Dieu s'est révélé du premier coup, ou s'il se complète lui-même, il se complètera toujours.

Les rabbins, imposant comme dogme la révélation directe à Moïse, s'arrêtent au vieux Testament et nient celle de Jésus. Pure absurdité! Si Dieu a parlé directement à Moïse, il peut aussi avoir parlé à Jésus, son arrière petit-neveu. Il peut faire ce qu'il veut, personne n'a de compte à lui demander, personne ne peut lui dire : « jusqu'ici et pas plus loin! » Un juif croyant à la loi de Moïse, *non parce que de toutes les lois religieuses, elle est la plus conforme à Dieu, à la raison et à la loi de la nature, mais parce qu'elle est* RÉVÉLÉE, pour peu qu'il soit logique doit se faire chrétien et croire à la même révélation continuée au Christ et au pape. Il est aussi facile à Dieu de se faire homme que de descendre en farfadet dans un buisson ardent, pour causer avec un pâtre, ou de monter au Sinaï proclamer le Décalogue. Et ce même juif et ce même chrétien, qu'ils s'appellent Pape ou Luther, n'ont aucune raison pour récuser un Anabaptiste, qui se présente comme un nouveau continuateur de la révélation, leur successeur en Dieu. Luther écrit bien à Mélanchton « qu'un vrai prophète se reconnaît à sa raison. » La bible dit plus naïvement qu'un vrai prophète ne se reconnaît que par l'avènement de sa prophétie. Qui, d'après Luther, sera l'arbitre pour distinguer l'esprit vrai du faux? Les paroles de l'Evangile sont-elles conformes à la raison? Les

3

miracles de l'Evangile sont-ils conformes à la raison?

La vérité est que tous les trois partis religieux de cette époque, étaient en dehors de la raison et que de leurs disputes où chacun ne produisait que des erreurs ne pouvait sortir que des horreurs, telles que : guerres, pestes et morts violentes. Ils n'avaient tous semé que du vent. Ils ne pouvaient tous récolter que des tempêtes.

Dieu n'a jamais parlé à un être mortel autrement que par la raison qu'il lui a octroyée.

Cette raison n'a jamais pénétré les lois de Dieu qu'en étudiant et pénétrant les lois de la nature et de l'histoire humaine.

Dieu, c'est la loi qui se suit elle-même. Cette loi est UNE *dans toutes ses manifestations, sur toutes les planètes. Si jamais on découvrait deux lois différentes dans la nature, il n'y aurait pas de Dieu !*

Moïse a entrevu une grande partie de cette vérité fondamentale. Son Dieu *Jehovah*, veut dire l'*Etre* UN *qui fut ce qu'il est et ce qu'il sera.* Ce Dieu-Loi, il l'appelle *la Justice sans pardon.* « *Une seule loi, une seule justice pour tous* » dit-il. (Nombres, chap. 15, v. 15 et 16.)

Tout ce qui se trouve dans le Pentateuque contraire à ces principes, a été ajouté par Esra qui, tout en citant les vieux textes transmis de génération en génération, y a intercalé ses propres principes sur lesquels il a fondé la société religieuse du second temple (1)

(1) *(Voir à ce sujet mon « Moïse et le Talmud. »)*

Aucune prophétie n'est possible qui ne soit basée sur la loi une et immuable des causes et des effets. L'avenir ne peut être prédit que sur la science exacte du passé. L'histoire seule est la matrice de la prophétie. Partout et toujours les mêmes causes produiront les mêmes effets, à Jérusalem, à Babylone, à Athènes, à Rome aussi bien qu'à Paris. Nul pouvoir ne peut détacher ces effets de leurs causes, ni les annihiler par le pardon, ou par un miracle. Le bien même ne détruit pas le mal consommé et irréparable.

Dès que l'on admet un fait surnaturel non conforme à la loi de la nature — loi souvent ignorée — nulle prophétie n'est possible. Car le prophète, fût il sûr de savoir ce que Dieu va faire en huit jours, n'est pas sûr que ce même Dieu ne change pas d'avis pendant cet intervalle de temps. Les prophéties des Anabaptistes n'étaient pas au fond plus folles que les prophéties de l'Ecriture, sauf celles des prophètes philosophes, parlant au nom de la loi immuable de la Justice ; mais celles-là ne sont que les déductions logiques d'une raison éclairée.

Aussi, après la chute des Anabaptistes, les vainqueurs, loin de jouir de la victoire, se mirent à s'entr'égorger eux-mêmes. Le monde religieux du miracle n'a pas cessé un jour d'enfanter la guerre suivie de calamités sans nombre. Il a toujours fini par devenir la proie de la force brutale, tout en criant que Dieu, devenu Amour, lui pardonnait tous ses crimes.

Nous voici maintenant au troisième point : Au *Rebaptème !*

Luther venait d'abolir le célibat et la messe. Les amis de Wittenberg, se déclarant contre toute mendicité fainéante, venaient d'abolir tous les couvents de moines et de nonnes.

Les Anabaptistes, faisant un pas de plus en avant, abolirent le baptême des enfants, en s'appuyant sur un texte de l'Ecriture « qui ne croit pas et n'a pas reçu le baptême n'entrera pas au ciel. » La foi précédant le baptême, l'enfant donc qui n'a pas la foi ne doit pas être baptisé. Un peu plus tard, ils déclarèrent ce baptême un sacrilège et forçaient tous leurs disciples à se faire rebaptiser. Luther étant à Wartbourg, leur répondit par écrit qu'il n'était pas prouvé que l'enfant n'avait pas la foi. L'homme qui dort, dit-il, n'a-t-il pas la foi ? L'enfant pourrait bien naître avec la foi dormante en lui. — Si l'homme dormait toujours, répondit Munzer, il n'aurait pas la foi. Mais Jésus n'a-t-il pas dit: « Laissez venir les enfants auprès de moi.» Oui, redirent les hommes de Zwickau, pour leur enseigner la foi et les faire baptiser après.

Comme dans l'Ecriture se trouve le pour et le contre de cette question, il était impossible à Luther de convaincre les Anabaptistes. La meilleure raison contre le rebaptême se trouve dans une lettre de Luther adressée à Mélanchton. « Il vaut mieux, dit-il, discuter la foi qu'on a que celle qu'on aura! »

Bien que ce dernier point, comme on vient de le voir, ne fût que secondaire et d'une importance bien moindre pour la doctrine que les deux premiers points, il donna le nom à la nouvelle secte, parce qu'il se manifesta par un acte visible. Le peuple peu rompu aux discussions théologiques, et ne s'en prenant qu'aux idées palpables, ne voyait de différence réelle entre les hommes de Wittenberg et de Zwickau que dans l'acte du *Rebaptême,* auquel ces derniers soumirent, eux et leurs adhérents, et du coup leur donna le nom d'*Anabaptistes;* nom qui leur est resté, bien que de temps à autre on les appelât *Sacramentaires,* attendu qu'ils niaient la présence réelle dans la sainte communion.

Mais le Rebaptême n'était pour eux qu'une cérémonie extérieure.

Ils étaient en réalité tous des Républicains chrétiens et communistes. Et de leur République, moins le communisme, sont sortis d'abord les Presbytériens, puis Cromwell, et plus tard Washington et Jefferson.

PREMIÈRE PHASE

I

LES ANABAPTISTES A ZWICKAU ET A WITTENBERG.

Il est probable que la secte des Anabaptistes n'eût
pas pris naissance à Zwickau, petite ville en Saxe,
si Luther n'avait pas été forcé de se cacher pendant
des années à Wartbourg. C'est pendant l'absence
du maître que Nicolas Storch, (prononcez Storge,)
Thomas Munzer et Max Stubner, se séparant de
l'école de Wittenberg, fondèrent la première association de chrétiens régénérés, sous la bannière
de l'Anabaptisme.

Storch, drapier de son état, était doué d'une forte
imagination et d'une certaine dose d'éloquence populaire. Stubner, également drapier, n'avait pour
lui que sa jeunesse et son dévouement. Quant à
Munzer, c'était un tribun plein de feu, doublé d'un
savant théologien, homme du peuple, sentant vivement les peines et les douleurs du peuple, et s'élevant parfois, dans ses philippiques contre les
princes, à la hauteur d'un vrai prophète.

Leurs discours à Zwickau ayant, dans l'année 1521, occasionné des émeutes et des troubles, ils furent, par ordre du magistrat, expulsés de la ville et vinrent s'établir au cœur même de la Réforme, à Wittenberg.

En l'absence de Luther, Carlstadt dans cette ville, avait organisé le culte d'après ses propres vues. On y lisait la messe en allemand sans élévation de l'hostie. La sainte communion sous les deux espèces était ouverte à tout le monde avec ou sans confession. Carlstadt prêtait une oreille docile aux doctrines des jeunes zélateurs de Zwickau. Mélanchton lui-même, caractère vacillant, les écoutait avec intérêt, et pendant quelque temps il était bourrelé de doutes sur leur mission vraie ou fausse. Il offrait l'hospitalité, dans sa propre maison, au jeune Stubner, malgré les attaques des Anabaptistes contre les savants, lui laissant enseigner publiquement que l'érudition ne servait à rien, que le salut de l'âme, étant le but principal de l'homme, ne venait ni des livres, ni de la science, mais de la grâce de Dieu, qui aime les petits comme les grands, et devant lequel tous les hommes doivent être égaux.

Martin Cellarius, un des plus grands philologues du siècle, mort en 1564, professeur de théologie à Bâle, s'éleva d'abord contre eux. Il avait fait la connaissance de Mélanchton à Tubingen. Mélanchton le fit venir à Wittenberg pour y fonder une école des langues hébraïque, syriaque et chaldéenne. Il devint un fervent adhérent de la Réforme, combattant vivement les hommes de Zwickau par la parole et l'action. Mais comme plus tard Rottmann à Munster, Cellarius subitement, devint un de leurs plus chaleureux défenseurs. Gabriel Didyme, un moine qui s'est marié longtemps avant Luther, prêchait également à Wittenberg contre la science des livres. Il existe même de lui un discours contre la Bible. Morus, recteur de l'école magistrale, congédia ses élèves et leur conseilla d'apprendre un état. Carlstadt, poussant plus loin cette manie, allait la Bible à la main, d'un artisan à l'autre, demander leur avis sur certains passages obscurs, en disant qu'ils en savaient pour le moins autant que les érudits les mieux réputés. Mélanchton, tourmenté par ces troubles et craignant que ces excès n'engageassent l'autorité de l'empire, provoquée par le duc George de Saxe, à s'en prendre à l'œuvre même de la Réforme, s'adressa en même temps à Luther et à l'électeur de Saxe, appelé *Frédéric-le-Sage*. Voici sa lettre à l'électeur :

« Votre Grâce Électorale verra que j'ose m'adres-
» ser à elle, attendu que par ce temps-ci des choses
» importantes et bien dangereuses m'y forcent ;
» choses qui exigent au plus haut degré la pru-
» dence et la sagesse de V. G. E. Cette chose, la
» voici : »
» Votre Grâce est instruite des dissensions mul-
» tiples et dangereuses qui ont surgi à Zwickau
» au sujet du verbe divin. Des novateurs, par leurs
» menées, ont été incarcérés. De ces instigateurs
» de troubles, trois se sont réfugiés ici, deux dra-
» piers de leur état, n'ayant point étudié, le troi-
» sième, un érudit. Je les ai examinés moi-même.
» Ils disent des choses surprenantes. Ils se disent
» envoyés de Dieu, et nommés par lui de sa voix
» la plus claire. Ils prétendent même avoir des en-
» tretiens confidentiels avec Dieu, et voyant les

» choses de l'avenir ; bref, ils s'annoncent comme
» des prophètes et des apôtres. Je ne saurais vous
» dire combien ces choses-là m'ont ému. *J'ai, en*
» *vérité, des raisons majeures pour ne pas les dédai-*
» *gner.* Qu'il y ait parmi eux des Esprits, cela ap-
» paraît de plusieurs témoignages dont nul, excepté
» Luther, ne pourra tirer un jugement définitif.
» Quand on voit en danger l'Évangile, l'honneur et
» la paix de l'Église, il est de toutes manières né-
» cessaire que ces hommes arrivent à discuter avec
» Martin, d'autant plus qu'ils disent s'en rapporter
» à lui. Je n'eusse pas écrit à V. G. E. si l'impor-
» tance de l'affaire n'exigeait une prompte résolu-
» tion. Gardons-nous que le diable ne nous affole ! »

L'Électeur fit venir le 1ᵉʳ janvier 1522 Mélanchton
et Amsdorf à Prettin, et leur demanda pourquoi ils
attachaient tant d'importance à ces messieurs.
Mélanchton lui soumit un rapport écrit sur les
troubles de Zwickau et sur le danger que courait la
nouvelle Église dont, disait-il, l'Électeur était le
seul protecteur efficace. Amsdorf, plus court, lui
disait que cela le regardait beaucoup plus qu'il ne
croyait. Le lendemain, l'Électeur leur répondit qu'il
s'était attendu à des raisons mieux motivées.

« Vous savez, leur dit-il, que je ne suis pas versé
» dans l'Écriture.

« Je ne crois pas qu'il puisse sortir quelque bien
» d'une dissertation publique, attendu que celle de
» Leipzig entre Luther, Eck et Carlstadt, n'a eu
» aucun résultat utile. Selon mon avis il faut éviter
» toute discussion sur le baptême des enfants.
» L'autorité de Luther suffira. Pourtant, il n'est
» pas sûr que Dieu ne se serve pas parfois de

» gens du bas. Mon frère George m'a écrit sur les
» troubles de Zwickau. Il ne faut pas qu'ils se re-
» nouvellent à Wittenberg. Luther ne peut pas
» encore quitter son refuge à Wartbourg, le danger
» pour lui n'a pas disparu. Mais sachez que si la
» cause de ces hommes est juste, et qu'elle me pa-
» raisse telle, je n'aurai égard ni à mon frère, ni à ma
» mère, ne connaissant que Dieu et la Justice.
» Plutôt que de prendre parti contre Dieu et la vé-
» rité, j'aimerais mieux prendre le bâton de men-
» diant! Mon avis donc est qu'on laisse ces gens-là
» en repos! »

La lettre de Mélanchton à Luther s'est perdue,
mais on a conservé des passages de la réponse de
Luther à Mélanchton.

Outre la citation que j'ai faite sur le baptême des
enfants, Luther dit : « Quant à leurs prophéties, je
» n'approuve pas ta timidité, d'autant moins que
» tu as plus d'esprit et plus d'érudition que moi.
» *Il faut éprouver les esprits.* Jusqu'à présent je
» n'entends rien d'eux, ni par la parole, ni par les
» actes, qui ne puisse être dit ou fait par le diable
» en personne. Dieu n'a pas encore envoyé un mor-
» tel qui ne fût appelé par les hommes ou muni
» d'un signe d'alliance visible, pas même son
» fils! Les prophètes, jadis, ont exercé un droit
» d'après la loi comme nous exerçons le nôtre
» parmi les hommes. Je n'admettrai jamais leur
» vocation divine par la révélation. Dieu n'a pas
» permis à Samuel même de parler avant qu'Elie ne
» lui en donnât le droit. Cela est du ressort des
» fonctions publiques de l'enseignement. Informe-
» toi sur leur esprit privé. Que leurs paroles soient

» douces, religieuses, pieuses, saintes même,
» qu'ils disent avoir été en extase au troisième ciel,
» ne les crois pas ! Il leur manque le signe de
» *l'Homme Fils*, qui seul éprouve les esprits et les
» chrétiens. Veux-tu savoir le lieu, le temps et la
» nature des paroles divines ? Écoute Josué (38, 13) :
» Il m'a brisé tous les os comme un lion. » Écoute,
Psaume (31, 23) : « Tu me repousses de tes yeux »
et puis (88.4) : « Mon âme est pleine d'angoisses. »
» La Majesté, comme ils nomment Dieu, ne parle
» pas d'une façon immédiate, que l'homme la voie :
» *Nul mortel peut me voir et vivre.* » (Exode 32.20).
» La nature ne supporterait pas sa parole. »

A la fin de sa lettre il ajoute : « Je me suis tou-
» jours attendu à voir Satan tâter cet ulcère. Il n'a
» pas voulu venir du sein des papistes. Voilà qu'il
» sort de nous-mêmes. Je vois la scission qui se dé-
» clare parmi les nôtres. Mais le Christ la vaincra.
» J'en suis sûr. »

La réponse de Luther, dit l'historien Hast, ne pouvait qu'augmenter l'embarras de ce pauvre Mélanchton. Comment éprouver des esprits ?

Les Anabaptistes ne s'annonçaient pas sans des ébranlements intérieurs, pareils à ceux décrits dans Josué et dans les psaumes de David.

Appartenait-il à Luther de parler de preuves et d'hérésies ? Où étaient ses preuves à lui, contre le pape ? Quant au baptême des enfants, on n'en trouve aucun témoignage dans l'Écriture. Origène dit qu'on l'avait reçu des apôtres. Tertulien dit : « Quiconque connaît l'importance du baptême, éprouvera plus de crainte de le recevoir que de le différer. »

« L'opinion de Tertulien ne prévalut pas. Le Concile de Carthage, en 252, ordonna de baptiser les enfants, sans même attendre le huitième jour. Mais au moyen âge même, les *Pétrobusiens*, dans le sud de la France, ne baptisaient pas leurs enfants. Bernard de Clairveaux (1153) dit formellement d'eux : « Ils se moquent de nous quand nous baptisons nos » enfants. » Les Vaudois et les Albigeois, ainsi que les adhérents de Wiklef, n'étaient pas d'accord avec l'Église sur le baptême des enfants. »

Luther pourtant, dans une lettre à Spalatin, le conseiller de l'Électeur, lui dit de prendre soin que l'Électeur ne souille pas ses mains du sang de ces prophètes de mal. « Je ne changerai pas, pour l'amour d'eux, s'écrie-t-il, et je ne voudrais pas qu'un des nôtres devînt leur geôlier ou leur bourreau ! »

Malgré les lettres de Luther, l'université de Wittenberg marchait à pas rapides vers la dissolution. Carlstadt, quoique en désaccord sur le baptême avec les agitateurs de Zwickau, renvoya les jeunes étudiants et leur conseilla d'apprendre un état. Il y eut des troubles. Des moines défroqués suivis de bandes populaires pénétrèrent dans les églises, renversant des autels, brisant des images. Personne ne leur opposa la moindre résistance, pas même l'Electeur, disant que l'on pouvait adorer Dieu partout. Mélanchton à son tour laissa faire, quand Luther, instruit de ces troubles, malgré la défense de quitter son bourg, arriva à Wittenberg comme un *Deus ex machina*. Dès lors, c'en était fait de Carlstadt, de Cellarius et des trois prophètes de Zwickau. Mélanchton en fut quitte pour une semonce. Tout rentra dans l'ordre et les Anabaptistes quittèrent la ville !

II

LES ANABAPTISTES A LA TÊTE DES PAYSANS SOULEVÉS.
LA BATAILLE DE FRANKENHAUSEN.

Avant de quitter Wittenberg, Cellarius et Stubner insistèrent auprès de Luther pour une entrevue avec lui. Luther y consentit. Après les avoir écoutés, il leur dit : « Faites ce que vous jugerez convenable. De tout ce que vous m'avez dit, il ne se trouve rien dans l'Ecriture. Ce sont des inventions de votre imagination, peut-être des hallucinations de l'esprit malin. » Cellarius, les poings levés, l'accabla d'injures et l'appela traître au peuple. Stubner lui dit : « Ecoute, Luther, pour te prouver que l'esprit de Dieu parle en moi, je t'annonce que tu penches déjà de notre côté. » Luther, furieux, cria : « Satan, retire-toi de ma présence! » Storch aussi est allé le voir. « Cet homme, écrit Luther à Spalatin en parlant de Storch, est en contradiction permanente avec Munzer et Stubner. Satan joue son rôle dans lui. Qu'il aille se faire pendre ailleurs. »

Peu s'en est fallu qu'il ne l'eût fait pendre lui-même.

Parmi les Anabaptistes discutant avec Luther, Munzer seul se tint à l'écart. Homme pratique, tribun plutôt que prédicateur, Munzer dédaigna toutes ces discussions, autant de masques selon lui et alla droit aux faits. Pour lui, l'Anabaptisme n'avait pas seulement pour but de changer le culte et la forme de la religion, mais de servir d'armes spirituelles agressives pour renverser le pouvoir tyrannique des princes et pour établir la République sur la base chrétienne de l'égalité absolue des premiers apôtres.

En quittant Wittenberg, Munzer parcourut toute l'Allemagne, la Bohême et la Suisse. Partout sa parole de feu enflammait le peuple et l'invitait à la révolte.

Dans l'espace de deux ans, tous les paysans de l'Alsace jusqu'à la Bohême s'étaient soulevés sous différents chefs dont plusieurs étaient disciples et collègues de Munzer. Munzer lui-même, après avoir prêché la révolte à Alstedt, où il s'est marié, après avoir fait une révolution dans la ville libre impériale de Mulhouse, où il introduisit la communauté des biens, se trouva, en 1525, à la tête d'une armée de paysans et de mineurs, forte de huit mille hommes, près du village de Frankenhausen.

Quelques jours avant la bataille, le comte Albrecht, à la tête de six mille soldats, et qui se piquait d'érudition, lança contre lui un mandat, au nom des doctrines de Saint-Paul.

Munzer lui répondit par la lettre que voici : (1)

____

(1) Cette lettre a été publiée par Hast. Les autres historiens de Munzer n'en font pas mention, mais elle n'en est pas moins authentique.

« Crainte et tremblements à tout chacun qui fait du mal. » (Romains, 2, 9.)

« Tu as *abusé* contre moi de l'épître de saint Paul,
» ordonnant la soumission à l'autorité. Tu me fais
» pitié. Tu veux consolider ton autorité odieuse par
» l'Evangile, comme le pape qui de saint Paul et de
» saint Pierre a fait deux geôliers. Crois-tu que Dieu
» le Seigneur ne puisse pas inspirer son peuple à dé-
» poser, dans sa colère, ses tyrans! La mère du
» Christ n'a-t-elle pas dit, en faisant allusion à toi
» et à tes semblables (Saint Luc, 1, 57) : « Il a ren-
» versé de leur trône les puissants et il a exalté les
» humbles, » ceux que tu méprises! Dans ta *purée*
» *luthérienne,* dans ta *soupe wittenbergeoise* n'as-tu
» pas trouvé les paroles d'Ezéchiel (chap. 37, v. 4).
» Dans tes *excréments martiniens* n'as-tu pas senti
» que ce même prophète (dit chap. 39, v. 4) : « Vois
» comment Dieu rassemble tous les oiseaux du ciel
» pour qu'ils dévorent la chair du despote, et tous
» les animaux carnassiers des champs, pour qu'ils
» boivent le sang du grand orgueilleux! » Crois-tu
» que Dieu ne nous aime pas pour le moins autant
» que vous autres tyrans? Sous le nom du Christ tu
» n'es qu'un païen avec le masque et le manteau de
» saint Paul. On te coupera la voie. On t'arrachera
» ton masque! Veux-tu reconnaître avec Daniel
» (7 27) que Dieu a donné le pouvoir à la Com-
» mune? Veux-tu comparaître devant nous et
» rompre ta foi? En ce cas, nous t'accueillerons
» comme un frère commun. Sinon, nous nous mo-
» querons de tes grimaces évangéliques et nous te
» combattrons comme l'archi-ennemi de la foi chré-
» tienne. Tiens-toi cela pour dit. Donné à Franken-

» hausen, vendredi, après Jubilé, dans l'an 1525.
» Thomas Munzer, avec le glaive de Gédéon, écrit
» pour convertir le frère Albrecht. »

Drôle de façon de conversion !

Munzer fut battu. (1)

(1) Voici le récit de la bataille de Frankenhausen et de la mort de Munzer, extrait de ma *Guerre des Paysans*.

L'armée réunie des princes comptait 6,000 fantassins, 3,000 cavaliers, soutenus par une bonne artillerie. En outre, le duc Jean approchait avec 800 cavaliers et 2,000 fantassins. La horde de Munzer n'était forte que de 8,000 hommes.

Munzer s'était campé sur une éminence, prés de Frankenhausen qui aujourd'hui s'appelle encore *Schlachtberg* (Mont de bataille). Il avait fait faire des tranchées autour de son camp, et s'y était barricadé derrière la *Wagenbourg*. Mais la moitié des paysans, loin de brûler de se battre, désiraient la paix, et le landgrave la leur avait offerte sous condition de livrer leur chef. Parmi eux se trouvaient beaucoup de nobles qui suivaient forcément la horde. Wolfgang de Stolberg, Caspar de Nuxleben et Hans de Werten furent envoyés aux princes en qualité de parlementaires. Les premiers accordèrent une trève de deux heures, et insistèrent pour l'extradition de Munzer. Les trois messagers retournèrent dans le camp des princes ; mais ceux-ci en retinrent deux, et ne renvoyèrent que Werten, porteur de leur ultimatum. Un gentilhomme et un prêtre firent la proposition de livrer Munzer ; mais celui-ci, s'avançant avec sa garde du corps, fit saisir les coupables, les fit juger et décapiter sur-le-champ, et essaya pour la dernière fois, d'ébranler la horde par sa parole puissante et éloquente.

« Je vois avec douleur et désespoir, s'écria-t-il, que vous n'êtes pas dignes d'être libres. Mes amis, ceux qui ont toujours été autour de moi sauront se défendre et préféreront la mort à l'esclavage ; mais je vois, hélas ! que c'était folie de confier la défense de la liberté à des hommes qui n'ont pas la liberté intérieure. Vous savez tous que je me suis toujours effacé devant la cause de Dieu, dont j'ai suivi les commandements en fidèle serviteur. Je suis venu pour défendre les pauvres et les opprimés contre les tyrans et les impies qui nagent dans le sang et dans la sueur du paysan ; je suis venu pour venger le juste contre l'injuste. Dieu lui-même, dans la Sainte

4.

Après la défaite de Munzer, la réaction devenant de plus en plus violente, s'en prit à Luther

Ecriture, promet partout la victoire au juste contre les impies. Ah ! vous voulez la paix ; mais la paix c'est l'esclavage, c'est le triomphe des scélérats sur les serviteurs de Dieu, c'est la victoire de la chair sur l'esprit, c'est la jubilation du Diable contre Dieu. Et si les ennemis font des propositions de paix, c'est qu'ils n'ont pas le courage de vous attaquer. Ils sont plus nombreux que vous. Qu'importe ! Gédéon, David et Jonathas ont vaincu des armées entières avec moins de combattants que vous. Il ne s'agit que de combattre. N'écoutez pas la voix de la chair, c'est la voix du Diable. Ne craignez pas les canons ; qu'est-ce qu'un canon à côté de la parole de Dieu ? Je les intercepterai tous avec les manches de mon manteau. » Dans ce moment, heure de midi, un arc-en-ciel se montrait à l'horizon. « Voyez-vous, s'écria Munzer, frappé lui-même par cet heureux augure, c'est le signe de Dieu, c'est notre drapeau. Dieu lui-même sera notre porte-étendard. Il ne veut pas que vous fassiez la paix. Aux armes donc ! au nom de Jehova, au nom du Christ et du Saint-Esprit, au nom de la liberté ! Aux armes ! Montrons-nous dignes de la cause de Dieu, et la victoire sera à nous ! »

Entraînés par cette invocation, les paysans coururent en effet aux armes, et entonnèrent le chant : *Komm heiliger Geist, Herr Gott (Descends, ô Saint-Esprit, Notre Seigneur)*. Le canon de l'ennemi leur servit d'écho.

Pendant les négociations, les princes avaient cerné la montagne, et au début de la bataille, les canons, tombèrent dans le dos des paysans et les poussèrent, pour ainsi dire, sur les lances des lansquenets. Au bout d'une heure, la bataille était perdue ; 5,000 paysans, morts ou blessés, restèrent sur le champ de bataille. La plupart se fiant trop à Dieu, qui, dans leur pensée, devait combattre pour eux, ne se défendaient presque pas et se laissaient tuer comme des moutons dans la boucherie. L'ennemi furieux se rua avec violence dans la ville et y fit un carnage horrible. La petite rivière Frankenhausen roulait des flots de sang. Tout cela n'assouvit pas encore la fureur des vainqueurs. Ayant fait 300 prisonniers, dont deux prédicateurs, et une centaine de femmes s'étant présentées pour réclamer, avec d'horribles hurlements, leurs maris innocents, les princes leur accordèrent la liberté de leurs maris, à même. L'électeur de Saxe, appelé le Sage, venait de mourir. Invité à marcher contre Munzer, il écrivit à

condition qu'elles tueraient à coups de bâton les deux prédicateurs. On vit alors un spectacle hideux et révoltant. Une cinquantaine de femmes, aboyant comme une meute de chiens assommaient à coups de gourdins de houx deux malheureux prêtres, dont les morceaux de chair rebondissaient sur le pavé sanglant. Plusieurs prisonniers, le bourreau ayant refusé ses services, furent transportés sur le champ de bataille et enterrés vifs avec les morts, naguère encore leurs camarades.

Munzer avait atteint la ville, et s'était abrité dans une maison tout près de la porte principale. Sa tête ayant été mise à prix, il se cachait dans le grenier, mais un gentilhomme, Otto d'Ebbe, s'étant logé dans la même maison, son valet en faisant l'inspection du grenier, trouva Munzer. — Qui êtes-vous? lui demanda-t-il? — Je suis un pauvre malade, répondit celui-ci; mais le soldat, flairant du butin, fouilla dans le sac de Munzer et y trouva les lettres que le comte Albrecht lui avait adressées. Munzer fut reconnu et livré aux princes par le comte Otto. La première question de ceux-ci fut: — Pourquoi as-tu séduit le pauvre peuple? Mais Munzer, une fois livré, recouvra toute son audace, toute la puissance de son esprit. — Pauvre peuple! reprit-il, ce mot est un affront de plus dans votre bouche. J'ai sacrifié des hommes pour l'humanité, vous les sacrifiez pour la tyrannie et le malheur; j'ai excité les paysans contre vous, parce que vous êtes contre Dieu et que vous ne méritez pas de vivre. Les paysans ont été vaincus, mais cela ne prouve pas que vous soyez dignes d'être vainqueurs, cela prouve seulement que les paysans ne méritent pas encore d'être libres. Le jeune landgrave, se sentant en verve, jugea à propos d'entamer avec Munzer une discussion religieuse, en lui prouvant par l'Evangile qu'il faut qu'il y ait des nobles et des manants Munzer lui répondit par un sourire de pitié. Cela n'empêcha pas le landgrave, tout fier de son érudition, de déclarer qu'il avait battu Munzer dans une discussion religieuse, et qu'il lui avait fait rendre gorge au sujet de ses erreurs. Mais Munzer gardant toujours le silence, les princes le firent mettre à la question. Le malheureux poussa quelques cris de douleur. — Cela te fait mal, mon ami, lui disait le duc Georg, rappelle-toi ceux qui souffrent pour toi dans ce moment. — La chair crie, répondit Munzer, mais l'esprit se porte

son frère. « Vous connaissez ma faiblesse à ce sujet.
» C'est une grande affaire, et la force n'y pourra
» rien. Ces pauvres gens ont des raisons réelles
» pour se révolter. Nos autorités ecclésiastiques et
» laïques les pressurent et les oppriment de toutes
» façons. Que Dieu détourne de nous sa colère. »
Sans son fils Jean, c'en était fait de Luther et de
Mélanchton , auxquels la réaction avait promis le
même sort qu'à Munzer. Mais n'anticipons pas.

bien. Les tortures devenant de plus en plus violentes, Munzer
poussait des éclats de rire spasmodiques qui firent peur à ses
bourreaux. On suspendit la torture sans qu'il eût fait aucun aveu.
Il fut enchaîné sur une voiture et envoyé en guise de cadeau au
comte de Mansfeld, connu par sa cruauté et son insensibilité. Jeté
dans la tour de Heldrungen, Munzer fut presque tous les deux
jours appliqué à la question en présence du comte, mais sans faire
aucun aveu important. C'est dans cette tour que, brisé et paralysé
de tous ses membres, il écrivit à sa ville de Mulhouse une lettre
dans laquelle il engage les habitants à demander grâce. « Le
malheur qui a frappé notre cause, disait-il, est la suite de l'égoïsme.
Comme il plaît à Dieu que je vous quitte en guise de sacrifice
expiatoire pour les folies et les péchés des autres, je me résigne et
suis aise que cela soit ainsi. Il ne faut pas juger Dieu selon l'apparence des faits, mais selon la vérité de l'esprit. C'est pourquoi
je vous prie de ne point vous attrister au sujet de ma mort et de
mes souffrances ; cette mort sert elle-même à l'amélioration des in-
sensés. » Et, après avoir à deux fois recommandé sa pauvre femme
enceinte, en priant la ville de lui laisser sa toute petite fortune,
il termine par cette phrase : « J'ai voulu abolir les abus au profit
du peuple, mais la déraison et l'égoïsme ont gâté mon œuvre. En
vous quittant, en quittant le fardeau et la dépouille de mon âme,
je vous engage à ne plus vous révolter, afin que le sang innocent
ne soit plus versé. »

III

LES ANABAPTISTES EN SUISSE.

Munzer, après avoir quitté la Bohême, s'était réfugié en Suisse. A Zurich, Zwingli et Œkolampade, son Mélanchton, avaient arboré le drapeau d'une Réforme plus avancée que celle de Luther. La querelle entre Luther et Zwingli, leurs dissertations ou plutôt leurs disputes violentes, avaient creusé un abîme entre les deux doctrines. Zwingli, citant le sixième chapitre de l'Evangile saint Jean, où le Christ lui-même décrit comme un acte purement spirituel la communion avec son corps, rejeta l'idée d'une participation eucharistique avec la chair réelle et le sang répandu, et n'admit l'Eucharistie que comme un acte exclusivement spirituel, comme une figure de souvenir. Luther, en désaccord avec ses meilleurs amis, disant qu'une différence d'opinion à ce sujet n'était pas de nature à provoquer une scission, déclara que Zwingli était hérétique au premier chef et qu'il n'était pas chrétien. « Le pape ne dirait pas autre chose, s'écria Zwingli ! » Une entrevue entre Luther et Zwingli qui, sur l'entremise du Landgrave Philippe de Hesse eut lieu à Marbourg, ne fit qu'élargir l'abîme entre les deux sectaires. Luther, à toutes les raisons que Zwingli lui opposa, répéta les paroles de Jésus. *« Ceci est mon corps, ceci est mon corps. »* Zwingli le pria, le supplia de ne pas le rejeter pour une différence d'interprétation. Luther refusa même la main tendue et s'en alla en disant : « Votre esprit est un autre que le mien. » En vain Mélanchton, penchant vers Zwingli, essaya-t-il d'intervenir fraternellement. Luther, plus obstiné que jamais, lança ses foudres contre les Zwingliens qu'il appela *Sacramentaires,* nom qui plus tard fut quelquefois donné aux Anabaptistes. Il en fit une maladie qui mit sa vie en danger. Sa rage contre Zwingli ne se calma même pas après la mort héroïque de ce réformateur, qui, comme on le sait, mourut à la bataille de Kappel, en portant la bannière de la Réforme contre les catholiques.

La doctrine de Zwingli avait trouvé accès à Zurich, à Berne, à Strasbourg et à Schafhouse. Les cantons de Fribourg, de Schwytz, d'Unterwalden et de Lucerne restèrent fidèles au catholicisme. Les Zwingliens, plus avancés que les Luthériens, n'admettaient pas d'autre révélation entre Dieu et l'homme que par la raison que le créateur octroie à ses élus, en doses plus ou moins fortes. La doctrine de Munzer contre le baptême des enfants y trouva de nombreux adhérents. Ses principes ésotériques sur l'autorité et le gouvernement ne heurtaient pas ostensiblement les idées de la République suisse.

Conrad Grebel et Félix Manz étaient à Zurich les premiers docteurs arborant le drapeau de l'anabaptisme. Ils étaient disciples de Munzer, qui avait séjourné pendant quelque temps à Waldshut et dans le village de Griesen.

Balthasar Hubemayer, docteur en théologie, venait de quitter la Bavière pour la Suisse. Dans sa jeunesse, Hubemayer avait été un catholique fanatique, prêchant la croisade contre les Juifs et les ayant fait chasser de la ville de Regensbourg. Zwingli, dans une discussion, lui reprocha ce fait en disant que l'argent des Juifs pillés n'avait pas été étranger à ce zèle extraordinaire. A Waldshut, Hubemayer fit la connaissance de Munzer, se convertit publiquement à l'anabaptisme èt prêcha contre Zwingli et Œcolampade. Plus tard, il se rétracta, puis rétractant sa rétractation, il mourut courageusement à Vienne comme martyr anabaptiste, en demandant pardon à Dieu d'avoir poursuivi les Juifs. Grebel et Manz, en leur qualité de savants, se tinrent à l'écart des mouvements populaires. Georges Blaurok au contraire, homme du peuple, également disciple de Munzer, se mit à la tête du parti populaire. Il tomba en extases, et tint des discours contre la tyrannie des autorités.

C'est lui, le premier, qui reçut le *Rebaptême* publiquement. Avant lui, les Anabaptistes, tout en prêchant contre le baptême des enfants, n'avaient pas procédé à la cérémonie du Rebaptême. Dès ce jour le Rebaptême devient le signe de la nouvelle alliance et le sacrement de la régénération chrétienne et populaire.

Zwingli n'était pas tout d'abord hostile aux Anabaptistes. Mais à mesure que les paysans en Alsace, en Franconie et en Souabe se soulevèrent, et invité par le magistrat de Zurich à intervenir contre Blaurock et son parti, Zwingli, prenant parti, déclara la guerre aux Anabaptistes et à leurs doctrines.

Les Anabaptistes demandèrent à être entendus et à être jugés. Zwingli leur accorda cette demande. Il y eut une dissertation publique à Zurich. Les présidents du *Colloque* étaient Wolfgang Joner, Sébastien Hofman et Conrad Fabricius. Le Saint-Esprit fut invoqué et prié de daigner faire sortir de ces discussions la paix et la concorde, lorsqu'un rassemblement du peuple, pénétrant violemment dans la salle, et criant : « Réjouis-toi Jérusalem, le vrai Christianisme est proche, » força le Sénat de se lever et de remettre la discussion à un autre jour. Trois jours durant, on disputa depuis le matin jusqu'au soir. A toute citation de l'Ecriture, les Anabaptistes répondaient qu'il fallait interpréter l'Ecriture selon l'esprit et que pour avoir cet esprit il fallait que, sortant de la chair, il fût régénéré. C'était décider la question par la question même. « Autant dire, leur répondit-on, qu'il fallait être Anabaptiste pour comprendre la parole de Dieu. » Inutile d'ajouter que les Anabaptistes furent comdamnés. Le magistrat publia contre eux un édit d'expulsion.

Cet édit, à peine publié, le peuple s'ameuta pour les défendre. Jacob Blaurok, Wolfgang Ulman, Michel Sadler, à la tête de nombreux attroupements, parcoururent la ville en criant; « Malheur ! Malheur aux habitants de Zurich ! *Faites pénitence !* (c'est un des cris de guerre des Anabaptistes.) Peuple, voilà tes vrais amis ! »

Il y eut un combat dans les rues de la ville. Les Anabaptistes furent battus, leurs chefs arrêtés furent mis à la torture et soumis à une enquête longue et pénible. Toute la fortune des meneurs fut confisquée.

Les autres furent expulsés de la ville. Cette défaite des Anabaptistes en Suisse eut lieu deux mois après la bataille de Frankenhausen.

Les Anabaptistes prisonniers de Zurich furent soumis à de longs interrogatoires. De ces interrogatoires et de cette époque date la première accusation d'immoralité lancée contre eux. Le magistrat de Zurich publia un résumé de son réquisitoire. Mais comme la plupart de ces prisonniers se sont rétractés pour avoir la vie sauve et que les autres, restés fidèles à leur foi, ont protesté sur l'échafaud, ces accusations ne reposent sur aucune base solide et véridique. D'ailleurs, ni Luther, ni Zwingli, ni aucun de leurs adversaires honnêtes ne les a jamais accusés d'immoralité. Ils eussent eu beau jeu contre eux! Ces mêmes imputations, mais atténuées, se trouvent plus tard dans Kerstenbrok, le chroniqueur de Munster, mais également sans preuves. En attendant, voici les points principaux publiés par le juge d'instruction de Zurich comme articles de foi des Anabaptistes :

Premièrement. — «La liberté chrétienne des régénérés n'est soumise à aucune loi.»

Deuxièmement. — « Le Christ a affranchi tous les hommes. Donc ils ne sont soumis à aucun magistrat, ni à aucune charge d'impôts et de dîmes. »

Troisièmement. — « Il est contraire à la volonté divine qu'un homme soit le sujet d'un autre homme. »

Quatrièmement. — « Toutefois, pour éviter le scandale et les plaintes, il est permis de payer des impôts, mais temporairement. »

Cinquièmement. — « Les femmes, pour le salut de

leurs âmes, peuvent faire bon marché de leur pudeur et de leur honneur. Des témoignages de l'Ecriture prouvent que celui-là entrera au ciel qui livre ce qui lui est le plus cher. »

Sixièmement. — « Pour l'amour du Christ il faut supporter la honte, la perte même de toute réputation. »

Suivent ici les accusations d'immoralités, telles que la permission de se prostituer et de la promiscuité des femmes entre les saints; accusations que des vainqueurs cruels reprocheront toujours à des vaincus qu'on ne peut convaincre. Les chiens noyés sont et seront toujours galeux... pour les noyeurs!

IV

LES ANABAPTISTES EN SUÈDE.

Melchior Rink, un disciple de Munzer, et qui l'avait accompagné dans ses pérégrinations en Suisse, Melchior Hoffmann et Knipperdolling, deux hommes qui jouent un rôle de premier ordre dans l'histoire des Anabaptistes, se réfugièrent en Suède, en partie pour échapper aux persécutions qui, depuis le soulèvement des paysans, étaient dirigées contre tout prédicateur populaire, en partie pour y faire de la propagande. Depuis 1523, la Réforme était introduite en Suède par Gustave Wasa. Olof et Lovez Petri, deux jeunes étudiants suédois, au lieu d'aller à Rome, s'arrêtèrent à Wittenberg et firent leurs études sous Luther et Mélanchton. Retournés dans leur pays en 1519, ils travaillèrent d'abord en secret en faveur de la Réforme, et en 1523, à la diète de Stregnas, ils se déclarèrent publiquement contre le pape. Lorenz Andréas, un de leurs disciples, vieillard de soixante-dix ans, et conseiller intime de Gustave, conseilla au roi de briser pour toujours le pouvoir des prélats et de leur chef étranger. Le roi, introduisant la Réforme, nomma les deux frères Petri, l'un recteur de l'université d'Upsal, l'autre, secrétaire général et prédicateur en chef de la ville de Stockholm.

A peine la Réforme de Luther était-elle proclamée à Stockholm, que Rink, Hoffman et Knipperdolling y arrivèrent, pendant l'absence du roi, prêchant et propageant les principes de Munzer. Les deux frères Petri, soit qu'ils n'eussent pas saisi la partie anti-monarchique des principes anabaptistes, soit qu'ils eussent eux-mêmes un secret penchant vers ces principes, ne leur opposèrent aucune résistance. Olof, d'ailleurs, cité lui-même devant le tribunal ecclésiastique d'Upsal, présidé par les évêques de Linkoeping et d'Upsal, venait de quitter Stockholm. Melchior Rink, profitant de son absence de la capitale, pénétra dans l'église Saint-Jean et y prêcha plusieurs fois. Son compagnon Knipperdolling ameuta le peuple dans la rue et leur prêcha l'Évangile des Anabaptistes. Il y eut des attroupements et des émeutes. Olof, revenu d'Upsal, fit de vifs reproches à ses coreligionnaires, mais là se borna son intervention. En peu de temps, les doctrines des Anabaptistes, tombées sur un sol bien préparé, se répandirent avec une rapidité étonnante. De toutes parts des ouvriers de tous les corps d'état se mirent à prêcher, soit dans la rue, soit dans les ateliers, contre l'oppression, non seulement du clergé, mais de toute la noblesse catholique et évangélique. Des rassemblements tumultueux et armés, enflammés par des convertis prêcheurs des Anabaptistes, pénétrèrent dans les églises, détruisirent autels et images et annoncèrent le vrai règne du Christianisme régénéré et populaire. La parole d'Olof fut dédaignée. Il écrivit au roi qui arriva subitement à Stockholm. Le roi commença par un ordre d'expulsion contre les missionnaires étrangers. Puis, après avoir donné une verte semonce aux frères Petri, en leur prouvant que la doctrine des Anabaptistes compromettait bien plus la Réforme naissante de Luther que le pouvoir séculaire du pape, il fit arrêter les meneurs, mais se contenta de les bannir de ses États. Hoffmann se rendit en Livonie et de là à Strasbourg, où nous le retrouverons. Rink retourna en Suisse, ne s'y trouva pas en sûreté, fut traqué pendant des années, et finalement mis à mort en Souabe. Nous retrouverons Knipperdolling dans sa ville natale, à Munster.

Ce mouvement, en apparence stérile en Suède, prouve suffisamment la facilité que dans ce temps, les Anabaptistes ont trouvée dans tous les pays pour propager leurs doctrines, puisque même à Stockholm, ville où ils prêchaient dans une langue étrangère, ils virent, au bout de trois mois, se grouper autour d'eux de nombreux adhérents, de fervents disciples au point de susciter des soulèvements populaires et de rendre nécessaire l'intervention directe du plus sage et du plus libéral roi de leur siècle. Gustave Wasa, en effet, le créateur du *système constitutionnel*, après avoir fait une guerre constante à la hiérarchie papale et épiscopale, le premier entre les Rois, a appelé tous les Etats de son peuple à la coopération des lois et du gouvernement. Qui sait? Il se peut très-bien que la facilité avec laquelle pendant son absence les Anabaptistes ont ameuté le peuple contre son gouvernement absolu, lui ait servi de leçon ! En tous cas, les idées anabaptistes ont exercé une grande influence sur les idées et les résolutions constitutionnelles de ce Roi !

V

RÉACTIONS ET MARTYRES. — LUTHER ET MÉLANCHTON.

Avec la castastrophe de Frankenhausen, finit la première phase de la *Guerre des Anabaptistes*. Mais le coup qui les frappa renversa en même temps Luther et les Luthériens. La réaction fut immense, furieuse, remontant par dessus les Anabaptistes vaincus et martyrisés, jusqu'à Luther et aux Luthériens. Tout cela, s'écria-t-on de toutes parts, nous le devons à la réforme de Luther. C'est à lui qu'il faut s'en prendre. C'est de ses entrailles que Munzer et toute la secte sont sortis. Sans l'intervention du jeune électeur de Saxe, héritier de Frédéric-le-Sage, la vie de Luther eût été en danger.

Luther sentant le coup, s'écrie dans une lettre :

« Ils sont sortis de nous, mais ils n'étaient pas
» des nôtres, ce n'est pas la faute du froment, si
» l'ivraie en sort. La vérité ne peut pas être la
» cause de tant de malheurs. Aujourd'hui on nous
» attribue tous ces malheureux évènements, et l'on
» nous couvre de reproches et de honte. Ils disent
» de moi : S'il avait laissé la papauté en repos, il n'y

» aurait pas eu tant d'hérétiques et jamais les pay-
» sans ne se seraient soulevés. Mais à qui la faute?
» La faute n'est pas à la vérité, elle n'est pas à la
» lumière, mais aux erreurs et aux ténèbres. L'an-
» techrist n'est pas celui qui fuit les ténèbres, mais
» celui qui y reste. S'ils se séparent de nous, ils
» n'auront que soulèvements et que révoltes. Thomas
» Munzer était parmi nous. C'est vrai. Mais il vou-
» lait avoir plus d'esprit que nous. Dans son orgueil
» il rêvait un nouvel Evangile. J'ai prévu et prédit
» ces malheurs et je les déplore. *Il y a des moments*
» *où je me demande à moi-même s'il n'aurait pas*
» *mieux valu conserver la papauté avec tous ses abus,*
» *que de voir ces horreurs et ces révolutions!!*

On le voit. Pour peu qu'un pape politique eût tendu la main à Luther, après les premiers malheurs de la guerre civile, cette main eût été acceptée. Cela ressort de plusieurs documents. Outre la lettre que je viens de citer, Mélanchton écrit à Camérarius :

« Pour dire tout ce que je pense, je voudrais,
» sinon qu'on consolidât le pouvoir, du moins que
» l'on pût restaurer l'administration épiscopale.
» Car je sais quelle Église nous aurons après la dis-
» solution de la constitution de la vieille Église. »

Au Légat papal Campegius, il écrit :

« Notre doctrine n'est pas différente de celle de
» l'Église romaine. Nous sommes prêts à nous sou-
» mettre à elle. Nous respectons le pape et l'Église,
» pourvu que le pape, pour rétablir l'union, ne nous
» rejetté pas comme hérétiques. La différence entre
» nous n'existe que dans les cérémonies. Mais les
» canons de l'Église même admettent la variété du
» culte. »

Aux princes Évangéliques il écrit :

« Il est dangereux de renverser de vieilles insti-
» tutions sans avoir de grandes et de puissantes
» raisons. Admis même que le pape soit l'Ante-
» christ, on doit vivre sous lui comme les Israélites
» sous Pharaon, pourvu qu'il tolère la doctrine pure
» de Dieu et l'usage des cérémonies réformées, »

Luther y ajouta de sa main :

« Pourvu que les papistes tolèrent notre doctrine
» sans la persécuter, nous nous engageons à n'atta-
» quer ni leur juridiction, ni leur pouvoir. Oui, si le
» pape voulait consentir à cela, m'est avis que nous
» autres Luthériens, nous contribuerions à faire
» respecter son honneur et son autorité mieux et
» plus que l'Empereur, qui sans la parole de Dieu
» n'obtiendrait rien par la force. »

Mais les princes évangéliques, surtout le landgrave Philippe de Hesse et le duc Jean de Saxe,
firent honte à Luther et à Mélanchton, en leur disant
qu'ils défendraient leurs doctrines malgré eux, et
s'il le fallait, contre eux. Quant au peuple, il haïssait
Luther plus que le pape et longtemps avant sa
mort, sa parole n'avait plus la moindre influence
sur les masses populaires.

Il faut lui rendre justice. Dans ces philippiques
contre les Anabaptistes, il ne les accusa jamais
d'immoralités. De plus, d'adversaire violent qu'il
était avant leur première défaite, il devint leur défenseur quand ils étaient vaincus, livrés à la merci
d'une réaction sans cœur et sans entrailles.

Dans une Épître publique il écrit :

« Il n'est pas juste, et j'en souffre qu'on assassine,
» brûle et mette à mort tous ces pauvres gens. On

» doit permettre à chacun de croire ce que bon lui
» semble. S'il a tort il doit s'attendre à bien assez
» de châtiments dans l'enfer. Pourquoi donc les
» martyriser sur cette terre, aussi longtemps qu'ils
» n'errent que dans leur foi et qu'ils s'abstiennent
» de prêcher la révolte? Bon Dieu! quel est donc
» l'homme exempt d'erreur? Et qu'on est vite tombé
» dans les lacs du diable! Qu'on les combatte par
» l'Ecriture et la parole de Dieu! *Avec le feu on fera*
» *peu de chose!* (1) »

Tel ne fut point Mélanchton. Lui, qui à leur début
et pendant que Munzer disposait d'une armée,
était pris de doutes sur leur mission et qui probablement se serait rangé de leur côté, s'ils avaient
été vainqueurs, se déclara contre eux après leur
défaite avec une fureur frisant la rage. Il engager le duc Jean à lancer contre eux l'édit que voici :

« Nous est avis que les partisans des Anabaptistes se faufilent dans nos contrées pour répandre
parmi le pauvre peuple des opinions anti-chré-
tiennes, soit par des discours, paroles, discussions,
soit par des brochures et livres contraires à la parole
de Dieu et conduisant à la damnation et à la sédition. Afin de prévenir ce mal, notre désir est qu'il
soit défendu à tout gentilhomme, bourgeois, paysan,
à tous nos sujets, n'importe de quel état, excepté les
pasteurs ordinaires, de prêcher, de baptiser, d'acheter, de vendre et de lire des livres défendus.

» Quiconque a connaissance d'un fait de ce genre
est tenu de le dénoncer à la justice du lieu, afin que

---

(1) C'est, en d'autres termes, le mot de Voltaire : « Brûler n'est
pas répondre ! »

les coupables soient saisis, emprisonnés et livrés à la justice.

» Ceux qui seront convaincus d'avoir négligé ce devoir seront également appréhendés au corps et punis dans leurs biens et dans leur vie, de même ceux qui leur prêteront leurs maisons ou leurs biens, ou qui adhéreront en secret à leurs principes.

» Il est défendu de former une assemblée quelconque à l'occasion d'un baptême, d'une noce ou d'un dîner, sans avertissement, afin que l'autorité puisse surveiller tout ce qui se dit dans de telles réunions.

» Donné à Torgau, le vendredi Antoni (1) 1528.»

A l'occasion de ce mandat, le landgrave Philippe de Hesse écrivit à l'électeur Jean Frédéric :

« Nous avons lu votre mandat contre les Anabaptistes. C'est une secte subversive et antichrétienne, mais ils ne se ressemblent pas partout. Quelques-uns d'entr'eux sont pieux et modestes. Il faudrait agir avec discernement. Il est juste de punir avec le glaive ceux qui s'en servent pour faire de l'agitation; mais ceux qui se fourvoient dans la foi méritent d'être traités avec indulgence et amour. Il faut les écouter, les persuader, leur prouver l'erreur, et s'ils y persistent pour répandre de mauvaises semences, il suffit de les expulser du pays. Il n'est guère évangélique de tuer des gens coupables seulement de quelques erreurs de foi, et qui n'ont jamais commis de mauvaises actions, comme cela a lieu dans plusieurs pays. Saint Augustin et saint

____

(1) Antoni, c'est-à-dire jour de la Saint-Antoine.

Chrysostome, ces grands docteurs chrétiens, se prononcent énergiquement contre de telles doctrines. »

Tel ne fut pas encore l'avis de Mélanchton et de plusieurs universités protestantes.

Il écrivit une longue lettre au Landgrave dans le but de lui prouver qu'il ne faut en aucune manière user de ménagements envers cette secte impie et anarchique. Celui-ci, ébranlé dans ses principes de modération, s'adressa à plusieurs universités.

L'université de Lunébourg répondit : « qu'il était du devoir du magistrat de poursuivre les hérétiques avec le glaive, *attendu qu'il était impossible de les vaincre par la parole.* » Aveu aussi naïf que brutal.

Les docteurs d'Ulm répondirent : « Qu'il était vrai qu'on ne pouvait pas tuer les hommes, à cause de leur religion, mais qu'il était parfaitement permis de les tuer à cause de leurs hérésies. »

Cette réponse pharisienne, aussi sanglante qu'inepte, ressemble quelque peu au propos d'un malfaiteur en bonne humeur qui prétendait mourir du chagrin de se voir pendre.

L'université de Tubingen répondit laconiquement : « Il faut les punir avec le glaive ! » C'était du moins clair et franc.

Enfin Mélanchton lui-même jugea à propos d'entrer en lice et de formuler son opinion à propos de quatre Anabaptistes détenus à Iéna, nommés Henri Kraut, Just Muller, Jean Prisler et Hilarius Petysch.

Dans ce *memorandum*, l'ami de Luther résuma d'abord les principes des Anabaptistes :

« Nous avons scruté et examiné leurs principes religieux et politiques, dit-il, les voici :

Premièrement.

« Le péché n'est pas dans les enfants. Ils n'ont donc besoin d'aucun baptême. »

Deuxièmement.

« La faiblesse innée n'est pas péché. Le péché n'existe qu'autant qu'un homme raisonnable tolère et favorise ces faiblesses. »

Troisièmement.

« Tout enfant, n'importe qu'il soit turc, juif ou païen, entre dans le Ciel sans baptême ; car ce que Dieu a créé est bon. »

Quatrièmement.

« Tout chrétien qui règne avec le glaive ne saurait être ni prince ni régent, ni représenter une autorité quelconque. »

Cinquièmement.

« Les chrétiens ne reconnaissent de supérieurs que les serviteurs de la parole de Dieu. »

Sixièmement.

« Un chrétien ne doit point avoir de propriété, mais vivre en fraternité et en communauté, à l'instar de la société des apôtres. »

Septièmement.

« Il ne peut y avoir mariage entre une personne de foi (anabaptiste) et une autre qui n'a pas la même foi. Quand donc un anabaptiste épouse une femme qui ne l'est pas, le mariage est rompu de droit, et il peut la quitter. Rester avec elle ce ne serait pas un mariage, mais de la prostitution. »

« Nous leur avons opposé, c'est ainsi que Mélanchton continue, nous leur avons opposé la Sainte-Ecriture ; il nous ont répondu qu'il fallait l'entendre selon l'esprit et non selon la lettre. Nous avons employé tous les moyens de douceur pour les convaincre. Vains efforts ! Je me suis donc proposé de ne plus leur adresser la parole et de les réfuter par écrit. »

Suit la réfutation qui est longue et parfois obscure. Sur l'article qui défend la propriété, il dit : « Dieu a dit dans le Décalogue : *Tu ne voleras pas* ; donc Dieu défend et établit la propriété individuelle. » Il oublie que les Anabaptistes prêchaient la communauté justement pour rendre le vol impossible et inutile.

Il eût été facile à Mélanchton d'attaquer les Anabaptistes sur la communauté des biens et sur la justice sociale, mais il a mieux aimé les condamner en bloc. Il conclut : « *qu'il faut absolument les extirper par le glaive, le feu et l'eau.* »

Quelque temps après, les quatre prisonniers furent décapités, au nom de la loi luthérienne.

Arnold, un écrivain de ce temps, après avoir cité la réfutation de Mélanchton, ajoute :

« Il est hors de doute que, même dans son résumé, Mélanchton a sciemment calomnié les Anabaptistes. Il est vrai, les Anabaptistes n'admettaient pas qu'un des leurs fût supérieur aux autres ; mais, à une petite minorité près, ils reconnurent parfaitement les autorités des non-Anabaptistes.

« Aucun d'eux n'a jamais prêté un serment quelconque, au risque même de perdre ses biens dans des procès contre des non-Anabaptistes. Ils renonçaient bien à la propriété individuelle, dès leur entrée dans une communauté, mais ils respectaient partout la propriété des non-Anabaptistes. »

Une fois les conseils de Mélanchton et des universités adoptés et passés en force de loi, les têtes tombèrent par centaines dans toutes les contrées de l'Allemagne. Persécutés par les catholiques, poursuivis par les protestants, haïs par les partisans de Zwingli, il ne resta plus aux Anabaptistes que le triomphe du martyre.

La ville d'Augsbourg ouvrit les rangs avec les têtes de Johann Koch et de Léonard Meister. A Vienne, on décapita Gaspard Tauber; à Rottenbourg, on brûla Michel Sattler avec quelques disciples dont une douzaine d'enfants non baptisés; à Munich, Georg Wagner fut livré au bûcher, Leonhard Kaiser eut le même sort à Scherding; à Waldsee, le bourreau en décapita six dans la même journée; Balthazar Hubemayer, dont nous avons parlé, fut brûlé à Vienne, et sa femme décapitée. A Saltzung, on en tua dix-huit dans une matinée. Ludwig Hetzer fut décapité à Constance, Georg Blaurock fut brûlé à Clous, Félix Mantz fut noyé, Jacob Falk et Henri Regenau partagèrent le même sort. Quelques-uns de ces martyrs étaient des hommes marqués du sceau divin, notamment Wagner et Hetzer; un grand nombre d'entre eux appartenait à la classe des artisans. Tous ceux dont l'histoire a conservé les noms étaient des initiateurs, c'est-à-dire des voyageurs qui cherchaient à faire des prosélytes.

Mehovius, ennemi des Anabaptistes, nous a laissé un chapitre précieux sur la mort de Wagner. Le voici :

« En Bavière, à Salzbourg, notamment à Munich,
on exécuta les peines ordonnées contre les Anabaptistes. Parmi ceux de Munich se trouva Georg
Wagner, homme de bonne foi et d'une conduite ir-
réprochable, homme de bien dont personne ne disait
du mal. Le prince lui-même l'invita à renier l'hérésie, mais comme loin d'obéir il protesta encore plus
haut, il fut jeté en prison. On se donna toutes les
peines du monde pour le sauver. Les prêtres firent
tout pour le ramener dans le giron de l'Eglise, le duc
lui-même, oubliant sa dignité, se rendit à la prison
pour le convertir, d'abord par des paroles de foi,
puis par des promesses, car Wagner était sans
blâme ni reproche. Le prince était douloureusement
affecté de se voir forcé de livrer ce brave homme au
bûcher ; *et cependant il y était forcé*, car Wagner ne
voulait pas se rétracter. Quelques heures avant sa
mort, sa femme, tenant deux enfants sur les bras et
se jetant à genoux, le priait, sous des sanglots, de se
rétracter, afin d'avoir la vie sauve. Les enfants pleu-
raient aussi et joignaient leurs petites mains. Tout
fut vain ! En dernier lieu, le pasteur essaya de
l'ébranler par des larmes et des paroles. Chose bi-
zarre, il n'écouta personne, n'entendit rien, et tour-
nant les yeux vers le ciel, il dit : « Mon père, bien
» des choses ici-bas me sont chères. J'aime ma
» femme, j'aime mes enfants, mes amis, ma vie ;
» mais tu m'es encore plus cher que femme, enfants,
» amis et vie. Rien ne me séparera de ton amour.
» Je suis à toi corps et âme. Je sais ce que je fais,
» je suis prêt à mourir pour toi et pour la vérité. Toi
» seul es la vie ! » En prononçant ces dernières paroles, il se jeta dans les flammes. »

Ludwig Hetzer, homme érudit et polyglotte, après

avoir été chassé de ville en ville, de Munich à Augsbourg, d'Augsbourg à Nurenberg, de Nurenberg à Berne, de Berne à Constance, fut décapité dans cette dernière ville en 1529. Voici le discours qu'il prononça sur l'échafaud :

« Si jamais j'ai offensé un de vous, je vous en demande pardon. Je suis homme, et comme tel j'ai péché. Souvent, aspirant à la victoire, j'ai essuyé une défaite. Bien des fois j'ai reproché à Dieu de ne m'avoir pas prêté plus de forces pour lutter contre moi-même. Toutefois je lui rends grâces de m'avoir accordé la vie jusqu'à ce moment suprême où il m'est permis de mourir pour la vérité, au profit de mes frères et concitoyens. Maintenant je comprends la vie, je sais pourquoi j'ai vécu. Gloire à Dieu et à la vérité ! »

Hetzer avait traduit en allemand les Prophètes et l'Ecclésiaste.

Il fut remplacé un instant par son ami Jean Denk, recteur de l'université de Nurenberg, qui épousa les principes anabaptistes. Denk, également polyglotte, était connu entre tous par sa modestie, sa vertu et son érudition. Il existe encore de lui plusieurs ouvrages philosophiques, entre autres : *De la création de toutes choses, de l'origine de Dieu et des créatures* (cet ouvrage fut réimprimé à Amsterdam en 1680). Denk se rendit à Bâle où il mourut de la peste.

Parmi les adhérents célèbres des anabaptistes pacifiques, il faut citer le chroniqueur Sébastien Franke. Cet homme extraordinaire se tenait en dehors de tous les partis, quoique ses sympathies fussent acquises aux principes les plus avancés du siècle.

6.

« Il est des hommes, dit-il dans son *Livre scellé et fermé*, qui m'en veulent parce que je n'interprète pas l'Ecriture dans leur sens, et que j'emploie mon esprit à la comprendre à ma manière. L'un m'appelle un original, l'autre un sectaire, le troisième me dénonce comme révolutionnaire ; celui-ci m'accuse de toutes sortes d'extravagances, contraires à mon esprit, celui-là me hait parce que je suis impartial, parce que, tout en attaquant les sectes exclusives, je reconnais partout, chez toutes les nations, dans toutes les sectes, turques, papistes, juives et luthériennes, des frères et des membres de Jésus-Christ. L'expérience et la connaissance des hommes m'ont appris à supporter tous les hommes qui me supportent, pour peu qu'ils ne veuillent pas faire de moi leur prisonnier et leur valet. Il faudrait être bien fou pour adorer comme une idole un bloc de chair comme moi, et admettre mes principes comme articles de foi sans les soumettre à l'examen. Notre gloire doit être en Dieu, et non dans les hommes. Saint Paul n'admet pas qu'on s'appelle *Pauliste*. Tous ceux qui cherchent Dieu sont mes frères, n'importe à quel peuple ils appartiennent. »

Dans sa préface à la *Chronique des Hérétiques* il dit : « Il n'est que la vérité que j'aime, mais je suis habitué à voir l'erreur et les fautes de l'homme. Je ne le hais pas pour cela, je le déplore ; car je m'y reconnais moi-même. J'en conclus que j'ai encore bien des défauts. Plût à Dieu que tout le monde me supportât comme je supporte tout le monde. Notre cœur ne doit se détourner d'aucun homme qui aime Dieu et la piété, n'importe qu'il soit juif, grec, papiste ou luthérien, bien que la majorité des hom-

mes ne tiennent qu'à des cérémonies extérieures.
C'est ainsi que le Christ en a agi avec les hommes.
Il ne poursuit que le péché, mais il aime le pé-
cheur, et cherche à se faire aimer de lui pour le
convertir. »

Bien que Sébastien Franke attaquât les Anabaptistes exclusifs, il fut chassé de ville en ville et mourut de misère sur la grande route (1).

A Worms, Jacobus Krautius, véritable antipode
de Franke, homme d'un grand talent oratoire, exa-
gérait les principes de l'égalité jusqu'à la violence.
Dans ses discours il condamna tous les princes sans
exception, déclarant leur pouvoir une infâme usur-
pation contraire à l'Evangile et excitant le peuple à
ne tolérer aucune autorité supérieure. « Un peuple
chrétien, s'écrie-t-il, peut-il tolérer le pouvoir supérieur d'un homme? Le Saint-Esprit ordonne de les
exterminer tous. »

Krautius était mieux inspiré quand du haut de la
chaire il prouvait la souveraineté du peuple dont le
droit le plus sacré était de refuser les impôts et les
servages qu'il ne s'était pas imposés lui-même. Malheureusement ces leçons étaient toujours suivies
de provocations aussi violentes que sanglantes. En
vain le comte palatin, porté à la modération, le

(1) Voici les titres de ses ouvrages les plus remarquables :
Paradoxes, ou 280 sentences ou charades de la Sainte-Ecriture.
— Commentaire rationnel du psaume 64. Les faux Prophètes. —
Le Livre fermé et scellé de sept sceaux, que personne ne peut ouvrir, lire et comprendre, à moins qu'il ne soit marqué du signe de
l'agneau. — L'Arche d'or, avec un noyau de maximes et de sentences. — Du royaume du Christ. — De l'Arbre de la science du
bien et du mal.— Chronique des hérétiques (c'est son meilleur ouvrage). — Livre universel. Miroir et image de l'univers.

somma-t-il de suspendre ses discours, sous menace de prison. « Fais ce que tu pourras, lui répondit Krautius, je ne te crains pas, je ne crains que Dieu. Tu as des soldats, j'ai la parole. Tes soldats *crèveront*, ma parole vivra! Tu dis que je prêche la sédition, c'est toi qui es la sédition, car tu usurpes un pouvoir qui vient de l'enfer. Qui es-tu? un homme comme le dernier de mes auditeurs. Qui t'a dit que tu es notre maître? »

Krautius, sans nul doute, tenait à imiter l'exemple de son maître Thomas Munzer. Il avait du talent et du courage; mais Munzer, quand il tenait ce langage, avait une armée à sa disposition, tandis que Krautius, bien qu'aimé et défendu par quelques amis, ne pouvait espérer de renverser ses ennemis par la force des armes et de la parole. Il fut appréhendé au corps, et décapité dans le bourg du comte palatin, auquel il disait encore des sottises sur l'échafaud.

Enfin, toutes ces cruautés, toutes ces razzias humaines furent légalisées par un mandat impérial émané de Charles-Quint et provoqué par la *Diète* tenue à Spire en 1529.

En voici la teneur :

« Nous, Charles-Quint, par la grâce de Dieu, empereur romain, etc.,

» Faisons savoir à tous les électeurs, princes cléricaux et séculiers, prélats, comtes, barons, seigneurs, chevaliers, capitaines, vassaux, baillis, intendants, officiers, bourgmestres, juges, conseillers, bourgeois et communes, ainsi qu'à tous nos sujets, n'importe de quel état :

» Bien qu'il soit défendu, sous peine de mort, de

se rebaptiser soi-même ou de rebaptiser un autre chrétien baptisé selon l'ordre de l'Eglise ; bien que par un mandat de l'année passée, nous, Empereur romain, en notre qualité de bailli et de protecteur supérieur de notre foi chrétienne et sacrée, nous vous ayons averti de vous défendre par tous les moyens de droit contre l'erreur surgie de la secte des Anabaptistes et de leurs partisans séditieux et révolutionnaires, de les faire interdire du haut de la chaire chrétienne par de savants prédicateurs chrétiens, de les menacer surtout du grand châtiment qui les attend dans le Ciel, d'appréhender, *du reste*, au corps tous ceux qui se rendent suspects et coupables d'anabaptisme, de les frapper incontinent de peine et de châtiment, afin de prévenir le mal qui pourrait en résulter, nous apprenons journellement que, malgré nos avertissements et nos mandats, la secte des Anabaptistes, interdite et condamnée, *il y a déjà plusieurs siècles*, augmente de jour en jour et gagne continuellement en puissance et en influence.

» Afin de prévenir ce grand mal et tout ce qui pourrait en résulter, nous renouvelons les mandats et les avertissements, et, en outre, en vertu de notre pouvoir impérial, nous ordonnons ce qui suit :

« TOUT ANABAPTISTE, TOUT ANABAPTISÉ, N'IMPORTE DE QUEL SEXE, N'IMPORTE DE QUEL AGE, DOIT ÊTRE PASSÉ DE VIE A MORT, SOIT PAR LE GLAIVE, SOIT PAR LE FEU, SOIT PAR AUTRE CHOSE, ET SANS AUCUNE JUSTICE INQUISITORIALE PRÉALABLE.

» Tout prédicateur, fauteur, recéleur d'anabaptisme, qui persiste ou qui récidive, doit être frappé de la peine de mort et *ne doit jamais être gracié*.

» Toutefois ceux qui reconnaissent leur errêur, soit de leur propre chef, soit par les avertissements, l'instruction et la conversion, tous ceux enfin qui font pénitence et qui demandent grâce peuvent être graciés par l'autorité locale qui jugera selon l'âge, le lieu et les circonstances.

» Nous ordonnons, en outre, que chacun fasse baptiser ses enfants selon l'usage chrétien. Ceux qui s'y opposent, sous prétexte que le baptême n'a point d'importance, seront regardés comme des Anabaptistes et jugés comme tels. On ne doit, sous aucun prétexte, les gracier, ni leur assigner un autre lieu de séjour. Au contraire, chacun sera forcé de conserver son domicile sous l'autorité qui le connaît, afin que celle-ci ait les yeux sur lui, et qu'en cas de conversion il ne puisse plus devenir relaps.

» Tout sujet d'une autorité quelconque, qu'il soit parent ou non du réfugié, est forcé de dénoncer la présence d'un transfuge ou d'un émigrant, sous peine de bannissement.

» Au nom de notre devoir et de notre serment qui nous tient à l'empire sacré et romain, nous ordonnons à vous tous, n'importe de quel état, de quelle dignité, sous peine d'encourir notre disgrâce, de remplir en tous points la présente loi contre les Anabaptistes, et de prouver en ce point, comme dans tous les autres, votre obéissance et votre zèle selon le besoin de la cause. — Donné à Spire, le 23 avril 1529. »

Il n'existe pas dans toute l'histoire, pas même dans le Martyrologe des chrétiens, un mandat si brutalement sanguinaire et révoltant.

Aussi l'effet fut-il contraire au but proposé. Au

bout de quelques mois, grâce aux martyrs sans nombre, l'Allemagne comptait déjà plus de cinquante communes d'Anabaptistes, forte chacune de cinq à six cents membres, cachés et dispersés depuis l'Eifel jusqu'aux Karpathes. En face de cette nouvelle inquisition, un congrès de prédicateurs anabaptistes se réunit à Strasbourg, et deux années plus tard ils se croyaient assez forts pour attaquer et ébranler l'empire romain.

DEUXIÈME PHASE

I

ESSAIS PACIFIQUES. — LES HUTTITES OU LES FRÈRES, DE HUTTER

En vouant les Anabaptistes à la mort, on n'avait pas ôté les causes principales dont ils n'étaient que les effets.

Ces causes se trouvaient dans la servitude et dans les misères du peuple. D'une manière ou d'une autre, ces causes devaient produire leurs effets.

Grâce aux priviléges tyranniques et exorbitants des nobles, du clergé et des villes, grâce surtout à la réaction, provoquée par la *Guerre des Paysans,* la misère la plus hideuse dévorait tous les pays allemands. Le travail même, cet apanage sacré du peuple, était confisqué au profit du noble laïque et ecclésiastique. Le travail des nombreux couvents faisait une concurrence insoutenable au travail de l'ouvrier laïque. C'est précisément la vie conventuelle qui encouragea les pauvres travailleurs du XVIme siècle à mettre leurs biens et leurs travaux en commun.

Partout la dénonciation, la confiscation et la

mort. Il suffisait d'être pauvre et d'avoir quelque intelligence, pour être considéré comme un affilié de l'anabaptisme.

Ce voyant, quelques chefs anabaptistes, essayant de dépouiller la doctrine anabaptiste de sa portée politique, afin de ne pas éveiller les soupçons de l'autorité catholique et évangélique, fondèrent quelques établissements en Silésie, qui n'étaient plus que des associations pacifiques de travailleurs, affluant de toutes les contrées de l'Allemagne, pour mettre leurs travaux en commun, et pour trouver, comme la colombe de Noé, un pouce de terre solide pour s'y reposer.

Déjà, Nicolas Storch avait fait de nombreux prosélytes en Silésie. A côté de lui Schwenkfeld, savant distingué, répandait dans ses ouvrages des principes anabaptistes. Tous deux furent forcés de fuir; mais Storch, avant de partir, sacra un de ses élèves dans la personne de Jacob Hutter et l'institua chef des anabaptistes silésiens. Hutter, natif du Tyrol, était un homme énergique et sage, d'une hardiesse et d'une flexibilité rares, agissant par insinuation et persuasion plutôt que par violence. Chassé également de la Silésie, il s'en alla avec un grand nombre de familles anabaptistes s'établir en Moravie, où bientôt, grâce aux alluvions de l'Autriche, de la Pologne et de l'Allemagne, ils formèrent de nombreuses communes, possédant des terres et des cabanes, travaillant à la sueur de leur front et vivant pacifiquement dans une parfaite communauté. On les appelait les *Huttites* à cause de leur chef Hutter; de nos jours on les désigne encore sous le nom de *Herrnhutter* ou les *Frères* de Hutter.

On s'étonne que le nombre des *Huttites* ait augmenté si rapidement malgré toutes les persécutions, au point de former en peu de temps une population de cent mille âmes. Rien cependant n'est plus naturel ; il est même étonnant que le nombre de ces malheureux ne fût pas plus grand. Ecoutons plutôt Hutter lui-même.

Voici une de ses circulaires que des émissaires propagèrent dans tous les pays de l'Allemagne et de la Pologne :

« Que voulez-vous faire, disait-il, en s'adressant aux campagnards, que voulez-vous faire quand vous serez vieux, malades, dans un temps de disette et de malheur? A qui servent donc votre travail incessant, vos sueurs de sang? Pour qui vivez-vous? Pauvres diables en été, pauvres hères en hiver! Ne vaudrait-il pas mieux employer vos bras, vos jambes, vos ustensiles dans l'intérêt de la sainte association, qui vous donnera des habits quand vous aurez froid, du pain quand vous aurez faim, des soins quand vous serez malades, qui élèvera vos enfants et leur assurera un avenir? Comment! vous travaillez jour et nuit en esclaves pour que vos enfants et vos arrière-petits enfants restent esclaves comme vous! Et nulle part une issue pour sortir de cet enfer, et vous n'êtes pas même sûrs du lendemain! Mais la bête dans l'écurie, l'animal dans la forêt sont mille fois plus heureux que vous; mais vous n'êtes pas dignes du nom d'hommes! Voulez-vous être heureux, travailler pour vous et vos frères qui partageront avec vous peine et joie, venez à nous, partez pour la Moravie!»

« Il y avait *du vrai* dans ces plaintes, » dit l'historien Hast. Hélas! tout y est vrai, depuis le commencement jusqu'à la fin, et malheureusement trois siècles de révolutions et de guerres, qui ont passé dessus n'en ont pas effacé une seule vérité!

Il paraît que le gouverneur de la Moravie était un homme éclairé et humain, compatissant avec ces malheureux expatriés et appréciant sans colère ni préjugé le but des Huttites, car le roi Ferdinand, frère de Charles-Quint, ayant lancé contre eux un mandat d'expulsion, le gouverneur lui écrivit une lettre en leur faveur, l'engageant à tolérer des hommes pacifiques dont tout le crime consistait dans la recherche des moyens pour échapper à la misère et aux malheurs d'une vie d'esclaves.

Pour le moment, le roi écouta les conseils humains de son gouverneur, mais les nouveaux convertis devenant de plus en plus nombreux, le roi, cédant de nouveau aux suggestions des fanatiques, publia contre eux un second édit d'exil et ordonna au gouverneur de donner suite à cet édit sans désemparer. En vain celui-ci s'efforça de tenter la voie de la clémence, ordre lui fut transmis d'expulser les Huttites par tous les moyens de coërcition et de ne leur laisser que vingt-quatre heures de répit. Le gouverneur, forcé d'exécuter l'ordonnance du roi, leur permit cependant d'emporter leur argent et leurs meubles. Il y eut alors un cri d'indignation générale parmi les Huttites. Au lieu d'obéir, ils répondirent qu'ils avaient acheté et payé des terres, qu'ils avaient bâti des maisons, défriché des landes; qu'il aurait fallu s'opposer tout d'abord à leur établissement, mais qu'une fois établis, on se rendrait coupable envers eux du crime de vol et de rapine. « Que le roi y songe bien, ajoutèrent-ils. Il

est une puissance plus forte qui vengera les pauvres, les veuves et les orphelins. Qu'il nous frappe
d'impôts et de tribut, nous sommes prêts à nous
soumettre, mais que du moins il nous laisse dans
notre patrie adoptive. » Vaines prières! Vains
efforts! Les Huttites n'avaient point d'armes. Un
de leurs principes fondamentaux, précisément pour
échapper à tout soupçon de révolutionnaires, était
de ne jamais porter une arme quelconque. Ordre
fut donné d'envahir leurs villages. Les soldats du
roi prirent possession de leurs terres et les chas-
sèrent devant eux jusqu'aux frontières de la Hongrie.

Là, Jacob Hutter campa avec cent mille personnes
de tout sexe sur une bruyère, sans abri ni nourriture. Loin de se décourager : « Grâces soient ren-
dues à Dieu, s'écria-t-il, qui a daigné nous éprouver
par la douleur, la lutte et la misère : ce sont les
signes divins des élus. C'est ainsi que Dieu a mis à
l'épreuve le peuple d'Israël dans le désert; c'est
ainsi que Jésus a éprouvé ses apôtres. Plus nous
souffrirons dans cette vallée de malheur, plus nous
serons récompensés dans le ciel! »

On le voit, Hutter, comme tous les Anabaptistes,
tout en prêchant la communauté pour les biens de
la terre, invoque avant tout les récompenses du
ciel. Les Anabaptistes, en effet, étaient plutôt spi-
ritualistes que matérialistes. Ils ne cherchaient à
assurer à l'homme le nécessaire de la vie que dans
le but de pouvoir aspirer avec plus de liberté aux
félicités du ciel.

Hutter faisait son possible pour soutenir le courage de ses frères, mais au fond il savait qu'on ne
nourrissait pas cent mille hommes avec des dis-

cours et que les bruyères de la Hongrie ne produi-
raient pas de la manne comme le désert de l'Egypte.
Il rédigea donc la protestation suivante qu'il envoya
au gouverneur de la Moravie :

« Nous, frères et adorateurs de Dieu, témoins
fidèles de sa vérité, disciples de Jésus-Christ,
expulsés des villes pour la confession de son nom
par des hommes qui haïssent la vérité; venus en
Moravie, où nous avons vécu paisiblement par la
grâce et la protection du Dieu puissant, gloire à lui !

» Nous te faisons savoir que les messagers chargés de l'exécution de ton mandat sont venus chez
nous. Voici notre réponse :

« Nous avons renoncé au monde, à ses envies, à
ses méchancetés, à ses mensonges et à sa vie contraire à Dieu et à la nature. Nous croyons en Dieu
et en son fils Jésus-Christ, qui nous protégera de
tout danger, auquel nous nous sommes voués avec
tout ce que nous possédons. Nous obéissons à ses
commandements, évitant les défauts et les vices,
haïssant la méchanceté et l'injustice. C'est pourquoi
le monde nous méprise et se moque de nous, c'est
pourquoi l'on nous poursuit, l'on nous bannit et
l'on nous ôte notre avoir. De tout temps cela a été
le sort des prophètes, ce fut aussi le sort de notre
seigneur Jésus-Christ !

» Le roi Ferdinand, prince des ténèbres, tyran
odieux, ennemi de la vérité divine, persécuteur de
la justice, a fait tuer bon nombre de nos frères innocents avec une cruauté barbare et sans miséricorde.
Il nous a arraché nos biens, nous a volé nos terres
et nos maisons, nous a poussés dans l'exil et nous
a odieusement maltraités.

» Etablis en Moravie, grâce à son gouvernement,

nous y avons vécu paisiblement, à la sueur de nos travaux et de nos peines. Malgré cela on nous a ôté nos possessions qui sans nous resteront stériles et incultes. Nous voilà campés dans une bruyère déserte sous un ciel nu et froid. Nous supportons tout avec résignation. Cependant la douleur nous saisit de voir maltraités si cruellement des fils de Dieu. Les bons, il est vrai, sont destinés à souffrir, mais malheur à vous, trois fois malheur, qui nous avez chassés dans le désert comme des chiens et des bêtes sauvages! Le jour du Seigneur approchera, et sa main tombera lourdement sur vous! De vos mains il demandera compte du sang innocent qui crie vengeance !

» Ecoutez.

» Nous ne connaissons pas de lieu où nous pourrions vivre avec sûreté, et nous ne pouvons pas rester plus longtemps là où nous sommes, mourants de faim et d'angoisses. Nous sommes dans des pays royaux. De quelque côté que nous nous tournons, nous ne voyons que des ennemis. Nous avons avec nous un grand nombre de veuves et d'orphelins vagissants dans les berceaux, et dont les maris et les pères ont été cruellement massacrés par Ferdinand le tyran, contempteur du droit divin. Nous ne pouvons pas les emmener avec nous. C'est Dieu qui nous les a confiés, nous sommes responsables de leur vie. Plutôt mourir que d'abandonner les femmes et les enfants. Or, nous avons encore des maisons et des biens que nous avons achetés avec notre argent et que vous nous avez ôtés. Nous en avons besoin pour nos veuves et nos orphelins. Nous, enfants du malheur, nous sommes couchés sur la terre humide, expulsés de toute société humaine, comme si nous étions l'écume de l'humanité. Rendez-nous donc notre bien, réintégrez-nous dans nos possessions, nous vivrons paisiblement comme nous l'avons toujours fait, nous ne molesterons personne, pas même nos ennemis, pas même le roi Ferdinand. Notre vie est connue, connues sont nos mœurs. Plutôt que de tromper quelqu'un d'un liard, nous préférerions perdre tout notre avoir.

» Personne non plus n'a à craindre de nous des voies de fait, puisque, contraires en cela aux enfants du monde, nous ne portons ni lances, ni épées, ni haches. Nous n'avons point d'armes. Ceux qui disent, que nous nous assemblons par milliers pour nous préparer à la guerre, mentent et nous calomnient auprès des magistrats. Le nombre de nos adhérents n'est, hélas! que trop petit. Il serait à désirer que tous les hommes fussent *un* avec nous et d'une seule et unique foi. Vraiment, nous verrions bientôt tous les maux disparaître de la terre. Nous vous promettrions de quitter la Moravie, que nous ne pourrions pas tenir notre promesse, avant que Dieu nous eût assigné un autre refuge. Nous sommes dans la main de Dieu, peut-être veut-il que nous restions ici, que nous subissions ici l'épreuve de notre constance et de notre résignation. Si nous connaissions le lieu que Dieu nous voudrait indiquer, nous nous y rendrions de gaieté de cœur. Accordez-nous donc un court espace de temps, peut-être trouverons-nous avec l'aide de Dieu de quoi accomplir ses desseins sans vous ; mais malheur, malédiction, damnation sur vous, si vous nous forcez à transgresser ses lois, si vous continuez de martyriser les enfants de Dieu, si vous répandez encore le sang chrétien des fils de Jésus !

» Nous vous prions de quitter le chemin de l'injustice. Nous vous prions en outre de ne pas nous
en vouloir pour vous avoir dit tout cela. Nous disons ce que Dieu nous inspire, et tout ce que nous
faisons, venant d'un cœur pur, pieux, sincère, est
le produit de l'amour chrétien avec lequel nous ai-
mons Dieu et tous les hommes, ses enfants. »

LES GABRIELISTES.

Hutter avait formé un élève nommé Gabriel, jeune homme actif et entreprenant qui, par ses nombreux voyages, amenait à la commune beaucoup de familles aisées; mais bientôt il y eut un nouvel essaim et deux communes, l'ancienne, s'appelant les *Huttites;* la nouvelle, les *Gabrielistes.* Cette séparation fut suivie de rixes qui auraient dégénéré en guerre, si l'autorité, par ses nouvelles persécutions, ne les eût forcés de se réunir pour tenir tête à l'ennemi commun. Il fut défendu aux chefs de s'absenter de leurs communes. C'était annihiler leur influence. Hutter, sous prétexte de revoir son pays natal, fit un voyage en Tyrol. Il fut saisi à Bruxen, livré par le duc de Bavière au roi Ferdinand et condamné par celui-ci à être brûlé vif dans une place publique, hors des portes de Vienne. Il fut impossible de lui arracher la moindre rétractation (1).

(1) « Itaque vivus extra urbis portam crematus fuit, ubi misellam animam, tot tantisque erroribus conspurcatam, in maximis angoribus et angustiis positam ad orcum exhalavit. » (Mehovius.) Inutile de dire que Mehovius est l'ennemi des Anabaptistes.

L'exécution de Hutter fondit comme un coup de foudre sur les communes désunies. De commun accord elle se réunirent et rédigèrent la profession de foi suivante :

Premièrement.

« Dieu, dès la création du monde, a élu un peuple sacré, distinct des méchants, plein du saint-esprit, afin qu'il règne et qu'il extirpe de la terre le mal et l'injustice. Ce peuple c'est la communauté des saints, la réunion des enfants de Dieu. »

Deuxièmement.

« Quiconque confesse appartenir à cette sainte association est obligé, comme un véritable disciple du Christ, de vivre en communauté de biens. Une société qui accorde de la propriété privée à ses membres n'est point une société chrétienne. »

Troisièmement.

« Puisque des débauchés, des ivrognes et des joueurs vont à l'Eglise et que le Christ, au contraire, n'exige qu'un cœur pur de tous ceux qui visitent son temple, nous fuyons et nous évitons les églises, afin que nous ne nous souillions pas au contact des impurs. (C'est en vertu de cet article, qu'ils condamnaient toute image, même dans leurs maisons et dans leurs livres. Tout culte extérieur leur paraissait une profanation.)

Quatrièmement.

« Tous ceux qui ne sont pas régénérés (rebaptisés) sont des païens et des infidèles. Les mariages conclus avec eux sont nuls et non avenus. »

Cinquièmement.

« Le baptême n'est autre chose que le pacte d'une bonne conscience avec Dieu et le dépouillement du vieil homme. Le baptême des enfants n'est qu'une comédie. »

Sixièmement.

« La messe est une invention du diable. Il est ridicule de croire au purgatoire, il est puéril d'invoquer les saints. On ne peut forcer personne de croire. C'est un don du ciel. La prière ne va au ciel que quand inspirée, elle en vient. »

Septièmement.

« La peine de mort est abolie. L'excommunication seule est nécessaire. »

Huitièmement.

« Jésus-Christ n'est pas contenu réellement dans le sacrement. C'est un symbole, une communion d'amour entre frères et chrétiens et un souvenir fécond de la mort de notre Seigneur. (Ils s'approchaient deux fois par an de la table du Seigneur, comme signe d'amour fraternel et de consolation.)

Neuvièmement.

« Il est défendu aux chrétiens de plaider. Plus d'avocats ! Le président de la justice jugera selon la majorité des juges.

Cependant ils vont devant la justice ordinaire avec un non-frère. Entre eux l'accusé est d'abord exhorté à reconnaître son tort. S'il ne comparaît pas, ou qu'il persiste dans son tort, il est dénoncé à l'église dont le chef écoute les deux parties et prononce en dernier ressort. S'ils sont battus ou offensés par un

non anabaptiste, ils s'éloignent en disant : Béni soit
Jésus-Christ, et quand on leur reproche leur
lâcheté, ils répondent que ni Jésus ni les apôtres ne
se sont jamais vengés.

Dixièmement.

« Il est défendu de porter des armes. Quiconque
use du glaive périra par le glaive. »

Onzièmement.

« Il est défendu de jurer. Que ta réponse soit : Oui
ou non. »

Douzièmement.

« Un voleur, un assassin qui a répandu du sang
humain ne peut jamais être digne de la félicité éternelle, qu'il se repente ou non, qu'il fasse pénitence
ou non »

Article secret. — « Toute autorité *absolue*, tout
pouvoir absolu est incompatible avec la foi chrétienne. Toutefois les infidèles peuvent être gouvernés par les princes du pays »

Certes, il y a de nobles aspirations dans cette profession de foi, mais le vice inhérent à l'anabaptisme
prédomine. Au lieu de progresser vers l'épanouis-
sement de la nature et de la liberté, ils reculent
jusqu'à l'anéantissement de l'art, en comprimant
les passions les plus nobles et surtout en ôtant à
l'homme toute spontanéité individuelle.

Les *Frères Moraves* se sont conservés, grâce à
leur force d'inertie, à leur résignation pacifique ;
mais malgré la pureté de leurs intentions, malgré
leur vertu et leur continence, le nombre des Huttites
est toujours allé en diminuant, et à l'heure qu'il est,
le peu de frères survivants sont en parfait désaccord.

C'est que tout communisme, chrétien ou icarien, égalitaire ou évangélique, est contraire à la nature, dont l'harmonie repose sur le contraste des inégalités ; c'est que l'homme, si esprit qu'il soit, ne vit, ne respire, ne pense et n'agit que grâce à ses passions légitiméés par le devoir et la raison. Ces passions peuvent toutes être dirigées vers l'idéal, toutes peuvent être subordonnées à l'esprit, mais tout véritable bonheur disparaît dès qu'on s'avise de les comprimer, de les sacrifier, c'est-à-dire de les éteindre. C'est comme si l'on voulait diriger une flamme et lui assigner un but en l'éteignant, de peur qu'elle n'éclate en incendie. Il faut, au contraire, la faire rayonner en tous sens, la purifier, l'agrandir, tout en la subordonnant, tout en s'en servant comme chaleur et lumière à la fois.

Les Anabaptistes ont créé la religion du pauvre. Ils ont aboli les distinctions odieuses entre le maître et l'esclave ; mais au lieu d'élever l'esclave jusqu'au maître, ils ont abaissé le maître jusqu'à l'esclave. Ils ne pouvaient donc pas réussir. Ils n'en ont pas moins révélé des principes d'avenir dont les siècles futurs ont profité. Quelques-uns de leurs principes même sont encore à l'état d'idéal.

III

MŒURS DES HUTTITES. — MORT DE GABRIEL.

Rien de plus simple que l'organisation hiérarchi-
que des Huttites. Distribués en familles, chacune a
son chef, ou père de famille, lesquels chefs réunis,
élisent un père général qui a le pouvoir absolu *pour
un an*. Si quelqu'un d'entre eux se comporte mal,
il est renvoyé avec un petit pécule pour les frais de
voyage, mais sans avoir droit à la restitution de la
propriété qu'il a apportée à la commune. De là le
pont-neuf suivant, que le peuple de ce temps a fait
sur eux :

> Si quelqu'un fait une faute,
> Ils le mettent dehors sans cérémonie,
> N'importe qu'il ait apporté
> Plusieurs centaines de florins.
> Il est alors régénéré,
> Sa fortune est flambée,
> C'est un homme tout neuf et tout nu.

Dès qu'un frère a envie de se marier, il se présente chez le père de famille pour lui indiquer les
causes de sa résolution et l'objet de sa flamme. Le
candidat au mariage se soumet tout d'abord à un

examen physique et moral. Il faut qu'il exhibe des
certificats de travail et de bonne conduite et ses
états de service. Ces préliminaires faits, il s'éloigne
pour attendre la réponse du conseil. Celui-ci, dans
une réunion convoquée à ce sujet, examine les rapports des chefs sur les différents candidats et *can-
didates*, délibère sur les convenances et la compa-
tibilité des caractères, et décide en dernier ressort
par voie de majorité. La beauté physique n'entre
pour rien dans ces décisions. On fixe alors un jour
de mariage général pour tous ceux dont les vœux
ont été exaucés. Les jeunes filles désignées sont
d'abord introduites dans le grand salon, et placées
l'une à côté de l'autre à droite, puis on amène les
fiancés qui sont rangés à gauche, chacun en face de
celle qui lui a été destinée par le jury. Cette déci-
sion est irrévocable. La demoiselle placée en face
du jeune homme devient forcément sa femme, qu'elle
soit belle ou laide, sage ou sotte, à moins que le
jeune mari ne désire renoncer pour toujours aux
doux liens de l'hymen, cas qui ne s'est jamais pré-
senté, car le mariage étant obligatoire, d'avance *les
Frères et les Sœurs* se soumettent au jugement du
jury. Le curieux, c'est que ces mariages sont pour
le moins aussi heureux, sinon plus heureux, que
ceux arrangés par les parents ou par des courtiers
matrimoniaux. Il n'est pas vrai que les frères Huttites tirent les femmes au sort, comme plusieurs
historiens le prétendent : tout mariage est discuté
et décidé par la majorité après mûre délibéra-
tion. Ils ne célèbrent aucune fête de noce. Chaque
homme emmène sa femme, et par cette prise de
main le mariage est consommé. Ces mariages en
bloc ont lieu deux fois par an.

Chaque année il y a grande assemblée pour élire de nouveaux chefs et pour désigner les apôtres qui doivent partir pour la propagande. Ces apôtres ne se distinguent ni par le costume, ni par aucun titre. Ce sont d'ordinaire des hommes d'élite.

L'agriculture et l'industrie étaient et sont encore les occupations ordinaires des Huttites. Leur vie est tout-à-fait patriarcale et contemplative. Le père général ne jouit d'aucune distinction ; il mange à la table commune, et couche dans le dortoir de ses subordonnés. Le matin, entre quatre et cinq heures, il y a réveil général. Le père de la maison élève ses mains pour la prière. On déjeune, puis on part pour le travail. Les repas durent un quart d'heure. Pas une parole ne se fait entendre. Le repas est précédé et suivi d'une prière. Les hommes et les femmes se mettent debout autour de la table, les hommes à droite, les femmes à gauche, et pendant qu'ils restent debout dans un profond recueillement, les enfants récitent la prière. De temps à autre quelqu'un, durant le repas, lit un chapitre de la Bible. Même silence durant le travail, dans tous les ateliers, même ceux des femmes. Les enfants sont de bonne heure habitués au silence. Le soir, après le travail, on soupe en commun. C'est alors seulement que la discussion et la causerie sont permises. Les maisons des frères ont une chétive apparence, mais dans l'intérieur règne une propreté exemplaire.

Deux fois dans l'année il y a des jours de grand pardon où ils s'approchent de la table sainte, après quoi les inspirés quittent la commune pour faire la propagande. Leur costume ordinaire est en toile ou en drap de laine. Le dimanche ils sont tous habillés de noir. Ils n'ont jamais ni festin ni orgie, sans détester pour cela le vin et les bons morceaux. Quand ils trinquent, ils disent : « Bois, frère, le vin réjouit le cœur de l'homme. » Les fautes contre les mœurs et la décence sont sévèrement blâmées, mais non punies, excepté l'adultère, qui encourt l'excommunication, maximum de la peine. Plusieurs historiens parlent des intrigues d'amour qui ont scandalisé ces saintes réunions. C'est possible, probable même. Mais les Huttites, dans ces occasions, se contentent d'excommunier les plus turbulents. Une personne excommuniée ne peut jamais plus se réhabiliter. On lui donne toutefois l'obole de voyage.

Il est permis à chacun d'avoir des extases et de prêcher.

Les malades sont soignés par les infirmiers et visités journellement par les pères. Rien de plus simple que les enterrements. On les enterre, dit Mehovius, leur ennemi, comme des chiens, dans un coin du jardin, *sine cruce, sine luce et sine omni Deo*.

Ils n'accueillent personne qui ne gagne sa vie par son travail, et n'admettent ni le capital ni le talent. Leur association est basée exclusivement sur le travail, ce qui fait qu'ils ne comptent dans leur sein ni artistes ni savants. Ils sont très-hospitaliers pour les étrangers.

Après la mort de Hutter, la société fut présidée quelque temps par Gabriel. Expulsé par le gouverneur, il se rendit en Bohême, puis en Pologne, où il mourut en prison.

Un nouvel édit de l'empereur les chassa en dernier lieu de la Moravie. Ils furent expulsés en bloc et leurs biens confisqués. On les voyait mourir par centaines dans les grandes bruyères. D'autres se cachèrent dans les forêts et se défendirent à outrance contre les traqueurs.

Il faut croire que malgré ces persécutions, plusieurs familles huttites ont trouvé quelque part un refuge sûr contre les édits du cruel Ferdinand. Car pendant *la Guerre de trente ans*, peut-être grâce à cette guerre même entre Catholiques et Protestants, on retrouve en Moravie *les Frères Moraves* qui sont les descendants directs de Hutter et de Gabriel. Ils se sont conservés jusqu'à nos jours, mais leur nombre est extrêmement restreint et ils n'ont plus ni histoire ni historien. Ils n'en sont peut-être pas plus malheureux pour cela!

IV

PROFESSION DE FOI ANABAPTISTE, APRÈS LA RÉACTION
ET LA PERSÉCUTION.

Nous avons vu les doctrines que Mélanchton et le magistrat de Zurich ont attribuées aux Anabaptistes.

J'ai indiqué les points sur lesquels ils différaient des Catholiques et des Protestants. Mais à mesure que la lutte dégénérait en une guerre à outrance, et toutes les tentatives pacifiques ayant échoué contre la cruauté et le despotisme des princes, ces principes se sont transformés et sans quitter tout à fait le domaine théologique, sont devenus de véritables manifestes politiques.

Voici ces principes recueillis dans les historiens impartiaux de cette époque :

Premièrement.

« Il n'y a pas de prêtres, ni comme tribu, ni comme secte. Tout homme peut être régénéré par l'inspiration de Dieu et faire office de prêtre, en prêchant d'exemple. »

Deuxièmement.

« Le baptême n'est point l'équivalent de la circoncision. C'est le signe de la régénération intérieure. Il ne doit être donné qu'à ceux qui le demandent. »

Troisièmement.

« La Bible, qu'elle soit ou non un livre révélé, ne saurait lier la voix de Dieu dans l'homme pour l'avenir. La révélation divine est permanente. »

Quatrièmement.

« Les corps régénérés par l'esprit doivent vivre ensemble dans une parfaite communauté de biens. »

Cinquièmement.

« Il n'y a pas de péché. Tout ce que Dieu a créé est bon. La confession est abolie. »

Sixièmement.

« Point de culte cérémoniel. L'homme doit gagner sa vie par le travail de sa main. La science est vaine. L'art n'est qu'un leurre idolâtre. Il ne contribue en rien au bonheur de l'homme. »

Septièmement.

« Point de sabath ni de dimanche! Dieu ne se repose pas. Que l'homme se repose quand il en sent le besoin et qu'il travaille quand il peut travailler. Le travail est le seul culte qu'on puisse offrir à Dieu. »

Huitièmement.

« Nul Anabaptiste ne peut gouverner ni se laisser gouverner par la force. Son règne, c'est le verbe de

Dieu. Il faut mourir plutôt que de subir l'esclavage ou de l'imposer. »

A mesure qu'ils furent traqués et mis à mort, un dernier article de foi s'ajouta aux autres. Cet article, concernant le chiliasme, annonce le règne du Christ sur la terre, ce que les Juifs appelaient : *le Messie;* règne, où tous les hommes égaux, vivront ensemble dans un état perpétuel de paix, de concorde et de béatitude.

Hélas! Il se peut qu'avec la science, méprisée par les Anabaptistes, qu'avec l'instruction, à force de pénétrer les lois de la nature, l'homme arrive à faire son devoir volontairement par sa raison et sa vertu. *Mais jamais les hommes ne seront à ce point angélisés pour faire tous leurs devoirs sans la force de la justice, et sans ces devoirs accomplis, volontairement ou forcés, point de droits garantis, ni pour les forts ni pour les faibles!* Les forts seront toujours renversés par l'anarchie, et les faibles toujours dévorés par le despotisme. Les Anabaptistes eux-mêmes, à mesure que nous avançons dans leur histoire, viennent à l'appui de cette vérité une et absolue.

V

MELCHIOR HOFFMAN ET MATHIESEN.

Nous avons vu Hoffman débuter à Stockholm avec Knipperdolling, et expulsé avec lui par un mandat de Gustave Vasa. Il se dirigea d'abord vers la Livonie, où la doctrine de Luther avait conquis de nombreux adhérents ; il prêcha quelque temps à Doerpt et à Riga, où il y avait des communes luthériennes, mais bientôt il quitta ces villes pour se rendre à Wittenberg. Dans ce temps, Hoffman était encore tout pacifique ; dans une lettre adressée aux habitants de la Livonie, il leur recommande de ne pas se soulever contre l'autorité, disant que le vrai chrétien ne doit jamais employer la force.

De Wittenberg, Hoffman se rendit à Strasbourg, où tout en gagnant sa vie avec son état de fourreur, il fit de la propagande. Il quitta cette ville en 1526, pour retourner de nouveau en Livonie.

Une circonstance frappante dans l'histoire des Anabaptistes, ce sont les voyages fréquents des apôtres d'un pays à l'autre, n'importe à quelle distance ; on dirait, en suivant leurs pérégrinations,

qu'il n'y a rien de plus facile ni de plus naturel que
de voyager à pied de Strasbourg à Stockholm, de
Stockholm à Amsterdam, de là en Suisse, et de la
Suisse en Silésie. Presque tous les chefs anabaptistes ont fait à plusieurs reprises le tour des pays
allemands, souvent forcément, ayant été chassés
d'une ville à l'autre, mais parfois aussi poussés par
l'esprit de propagande et le besoin naturel de
voyager, signe caractéristique du peuple allemand.
Du reste, l'hospitalité était encore chose commune à cette époque, et quand il était devenu dangereux d'héberger les Anabaptistes, les chefs,
presque tous artisans, passaient les nuits dans les
auberges de leur corporation comme de simples
ouvriers en tournée.

A Strasbourg, grâce au contact journalier avec
Schwenkfeld, les opinions pacifiques de Hoffman
avaient subi un brusque changement. Aussi, de retour en Livonie, il prêcha le contraire de ce qu'il
avait écrit un an auparavant. « Le glaive, s'écria-
t-il, ne disparaîtra que lorsque tous les hommes
seront chrétiens ; jusqu'à ce temps il faut le tirer
pour la défense de la vérité. »

Impliqué dans une émeute, Hoffman quitta de
nouveau Doerpt et se rendit à Magdebourg, où il
soutint une discussion publique contre Amsdorf, à
propos du dernier jugement et du chiliasme. De là il
alla à Kiel, où il gagna les bonnes grâces du roi de
Danemark ; il fut même nommé prédicateur offficiel
du pays de Holstein. Cette faveur, toutefois, ne dura
pas longtemps, car dès 1529 il fut chassé de Kiel
avec sa femme et son enfant, sa maison fut livrée
au pillage et ses biens furent confisqués. Pour la
seconde fois il se rendit à Strasbourg, où il vé-

cut quelque temps dans l'obscurité. Là le mandat contre les Anabaptistes venait d'être renouvelé.

Voici ce mandat :

« Nous, Jacob Sturm, maître et conseil de Stras-
» bourg, faisons savoir ce qui suit : Attendu que
» dans ces temps, dans un but d'empêchement et de
» détournement des commandements de Dieu, bon
» nombre de sectes et de doctrines fallacieuses se
» sont élevées, entre autres des individus nommés
» *Anabaptistes,* qui, sous le masque d'une vie chré-
» tienne plus pieuse, contrairement aux paroles
» divines et évangéliques, non-seulement ne recon-
» naissent pas l'autorité instituée par Dieu, pour
» protéger les bons et pour punir les méchants,
» mais encore s'arrogent le pouvoir de défendre des
» choses et des articles institués pour la paix, l'a-
» mour et l'union des hommes, persévérant ainsi
» dans leur obstination à diviser et à détruire l'état
» de choses chrétien.

« Attendu qu'il est de notre devoir divin de nous
» opposer de toute notre force à ces agissements et
» à ces empiètements coupables ;
» Ordonnons aux bourgeois, habitants, étrangers,
» parents, ecclésiastiques et laïcs dans la ville
» ainsi que dans ses bans :
» De s'abstenir de tout contact de ces Ana-
» baptistes, de ne les loger ni de les héberger, de
» ne leur donner ni à boire ni à manger, mais, au
» contraire de se détourner d'eux et au besoin de
» les dénoncer et de les livrer à l'autorité ;
» Avertissons que nous ne laisserons pas impu-
» nis tous ceux qui, contrairement à ce mandat,

» etabliront la moindre relation avec ces hommes
» d'erreur, de division et de malheurs.

» Donné samedi, le 26 juin 1527. »

Hoffman, dans la crainte d'être dénoncé, quitta Strasbourg pour aller à Emden, dans le Hanovre, remplacer Melchior Rink, vieillard doux et respectable, qui s'étant rendu en Hesse, fut pris et condamné à une prison perpétuelle.

A Emden, il rebaptisa secrètement dans la sacristie et envoya des missionnaires rebaptiseurs à Aurich, à Olderoum, à Uphusen, à Berum, à Pilsum, jusqu'au mois de janvier 1530, où un mandat du comte Enno II l'expulsa, lui et tous les Anabaptistes.

Avant de quitter Emden, Hoffman, sacrant Jan Trypmacker, le nomma chef de la commune, et partit de nouveau pour Strasbourg, son quartier-général.

Trypmacker envoya des missionnaires dans les Pays-Bas. Il y avait un grand nombre d'initiés à Amsterdam. En 1531, Charles-Quint fit appréhender au corps une vingtaine de prédicateurs qui tous furent décapités à la Haye. Leurs têtes furent envoyées et exposées à Amsterdam même. Déjà en 1527, Jan Valen, élève de Hoffman, fut saisi et rôti au petit feu. On prétend que Hoffman fut un des spectateurs de ce lugubre drame. Il est sûr qu'il a fait de fréquents voyages de Strasbourg à Amsterdam. C'est dans cette dernière ville qu'un vieillard lui a prédit qu'il allait être mis en prison, mais qu'après une détention de six mois, sa prophétie se propagerait sur toute l'Allemagne.

Le voilà pour la cinquième fois à Strasbourg, et cette fois il prêcha publiquement la résurrection d'*une Nouvelle Jérusalem*. On l'arrêta. Grande fut sa joie de voir accomplir la prédiction de son prophète hollandais. Il ôta ses souliers, jeta son chapeau en l'air, et, levant les yeux et les mains vers le ciel, il jura qu'il ne mangerait que du pain sec et qu'il ne boirait que de l'eau jusqu'à l'accomplissement de la prédiction entière.

Après l'emprisonnement de Hoffman, Trypmaker, son élève, fut attaqué à son tour à Emden. Il fut forcé de fuir et se rendit clandestinement à Amsterdam, où il fit de nombreux prosélytes. Mais il fut pris, transporté à la Haye et décapité.

La mission germanico-hollandaise traquée de tous côtés, subit une interruption de quelques mois, lorsque au mois le septembre 1533, Jean Mathys, connu sous le nom de Mathiesen, ouvrier boulanger né à Harlem, remplaça Trypmaker dans l'apostolat.

Ayant appris la mort de Trypmaker, Hoffman qui paraît avoir joui d'une certaine liberté dans sa prison de Strasbourg, envoya une missive à ses adhérents, les engageant à interrompre tout rebaptême pendant deux ans et à se borner à des enseignements purement spirituels. Il cita comme exemple le temple de Zorobabel et d'Esra, dont la construction avait été interrompue pendant deux ans par l'influence de leurs ennemis.

A Strasbourg même, malgré le mandat du magistrat, Lenard Josten parcourait les rues en proclamant Hoffman le nouvel Enoch qui relèvera le nouveau temple dans la Nouvelle Jérusalem. Le magistrat de Strasbourg, au lieu de sévir contre lui, le fit enfermer comme fou.

La ville de Strasbourg, même au moyen âge, a

toujours été la ville la plus libérale et la plus humaine de toutes les cités du Rhin. Elle n'a pas fait mourir un seul anabaptiste, au risque d'être dénoncée à l'Empereur, comme complice de leurs doctrines. Il est vrai qu'elle jouissait d'une entière indépendance communale et municipale.

Deux prophétesses, Ursula et Barbara, dont l'une d'une grande beauté, parcouraient également les rues de Strasbourg, en racontant leurs visions. L'une avait vu un cygne blanc sur le Rhin, chantant des promesses d'avenir au nom du prophète Elie, n'étant autre que Hoffman. L'autre avait vu une réunion de frères et de sœurs, se rangeant autour d'un jeune homme, vêtu d'une robe blanche et tenant de sa main droite une coupe pleine d'une boisson fortifiante qu'il offrait à tous les assistants. Mais la boisson était trop forte pour eux, sauf pour le jeune Peterman, l'élève favori de Hoffman.

Ubbo Philips qui raconte cette aventure et qui alors était un jeune anabaptiste, dit à ce sujet : « Nous étions tous jeunes, simples d'esprit et inexpérimentés. Nous avions voué une haine vigoureuse aux papistes et nous considérions les Luthériens et les Zwingliens comme de faux prophètes, ennemis du peuple. »

Le magistrat, invité à sévir contre ces manifestations, répondit que tout cela passerait ; de temps en temps il fit enfermer ces prétendus prophètes comme fous.

Il fit plus. Ne reculant pas de sonder les plaies d'où surgirent ces maladies spirituelles, il invita plusieurs villes à se réunir en synode. La ville de Nurenberg, se trouvant de l'avis de Strasbourg, un synode fut convoqué pour le 11 juin 1533, dans le but d'arriver à un entendement sur une profession de foi de l'Église réformée.

Schwenkfeld et Hoffman furent admis à cette conférence.

A en croire Butzer, le rapporteur du synode, Hoffman nia, non-seulement la divinité de Jésus-Christ, mais tout pardon. Si la relation de Butzer est exacte, Hoffman était l'anabaptiste le plus avancé.

Hoffman après le synode, retourna en prison, où il mourut.

On ne sait pas Si Mathiesen a conversé avec Hoffman même, ou s'il n'était que le disciple de Trypmaker. Quoi qu'il en soit, grande fut la stupéfaction parmi les Anabaptistes de Strasbourg, quand ils apprirent que Mathiesen venait d'annoncer à tous les adhérents hollandais et allemands, qu'il était lui-même *le nouvel Enoch et le second témoin.*

Comment ! Hoffman n'avait il pas ordonné de suspendre tout rebaptême pour deux ans ? Barbara n'avait-elle pas proclamé Peterman le second Enoch ? Comment ce mot d'ordre avait-il voyagé si vite de Strasbourg à Harlem ?

Quoi qu'il en soit, Mathiesen, méconnaissant la parole de Hoffman, recommença la propagande active sans attendre les deux années demandées. Il était jeune, plein d'ardeur, un des anabaptistes les plus oseurs et les plus pratiques. Les évènements de Munster auxquels nous sommes arrivés et qui lui étaient connus, ont probablement beaucoup contribué à cette prompte résolution. D'après Méhovius, Mathiesen a rédigé une profession de foi, contenant la communauté des biens et le droit de prendre plusieurs femmes. Mais à en juger par la vie de Mathiesen, ce dernier point paraît faux. Il n'a jamais eu pour femme que la belle Divara, qui plus tard devint reine de Munster. Mathiesen ne parle dans sa missive que de l'avènement proche du règne du Christ où tout sera en commun *et où nul méchant ne pourra vivre*. Il convoqua un synode secret, envoya des apôtres dans toutes les parties du monde. Voici les noms de ces premiers missionnaires de guerre sociale : Jacob van Kempen, Dirk Euper, Bartholomé Bœkbinder, Léonard Bouwens, David van Horn, Neklas van Alkmer, Cornélius van Biel, Meiner van Delft, Rudolphe, Martin et deux autres dont les noms sont inconnus.

Bartholomé Boekbinder et Dirk Euper arrivèrent à Munster le 24 novembre 1533, où ils trouvèrent le sol admirablement préparé pour la nouvelle doctrine, par Rottmann.

TROISIÈME PHASE

I

LA VILLE DE MUNSTER

Nous arrivons à la troisième phase, pleine de péripéties dramatiques, de triomphes et de défaites. Mais avant d'entrer dans le cœur du lugubre drame de Munster, il faut que nous remontions jusqu'à l'année 1525, jusqu'a la lutte pleine de vicissitudes, soutenue par la ville libre de Munster contre l'épiscopat; lutte qui a duré plus dix ans, et dont l'histoire non-seulement est indispensable pour comprendre l'avènement des Anabaptistes, mais qui, en outre, est pleine de leçons et d'enseignements pour tous les temps et pour toutes les nations.

La ville de Munster est la capitale de la Westphalie, ainsi nommée parce qu'elle avait pour écusson un *phalen* (poulin).

Une colonne, surmontée d'un poulin de marbre blanc, se trouvait encore au quinzième siècle au milieu du marché de Munster. La ville est située

entre le Rhin et la Weser, aux bords de la rivière Aa,
qui y forme plusieurs îlots. Elle était fortifiée et
possédait dix portes principales, un grand nombre
d'églises, de palais et des maisons particulières
somptueuses.

Quarante chanoines (Domherrn) ou, *seigneurs du
Dome*, y représentaient la noblesse. Ces *Quarante*,
comme on les appelait tout court, avec leur prévôt
et leur diacon, étaient les électeurs de l'Evêque,
chef politique résidant à cinq lieues de la ville, dans
le château épiscopal de Billerbeck, régnant sans
gouverner et ressortissant lui-même de l'archevêque de Cologne, Electeur métropolitain.

Pour être admis parmi les *Quarante*, il fallait avoir
une noblesse de quatre quartiers, et bien que nombre de palais de la ville leur appartinssent en toute
propriété, ils demeuraient tous dans le même palais
canonical, espèce de phalanstère clérical, où ils
vivaient en commun, mangeant à la même table et
ayant leurs appartements dans le palais.

Tout le clergé de la ville, les églises, ainsi que les
couvents, étaient sous leur dépendance. Ils avaient
leur juridiction particulière, et formaient une république présidée par l'Evêque. De nombreux,
d'iniques priviléges étaient attachés à cette oligar-
chie cléricale. Elle était exempte de tout impôt et
prélevait quantité de taxes sur la bourgeoisie et le
peuple. L'évêque héritait de droit de tout bien laissé
par un bourgeois non patricien et non censitaire,
même quand il y avait des héritiers directs.

A côté de cette république cléricale se trouvait
juxtaposée une république laïque et civile, composée de tous les citoyens patriciens, bourgeois et
ouvriers de toutes les *Guildes* (corporations d'état).

Quant à la chevalerie laïque résidant dans la ville, elle n'était soumise à aucun impôt et dépendait directement de l'évêque.

Cette république civile était composée de vingt-quatre conseillers municipaux élus par tous les citoyens. Quiconque refusait ce mandat, était exilé pour un an de la ville, outre la honte attachée au refus. Les *Vingt-quatre*, à leur tour, élisaient dix des leurs, qui, sous les noms de *Sénateurs*, étaient chargés de l'administration des dix quartiers de la ville. Les chefs élus par les corps d'état s'appelaient échevins.

Deux bourgmestres, élus par tous les citoyens, étaientles chefs du *Conseil* et du *Sénat*. De ces deux bourgmestres, l'un était ordinairement patricien et l'autre plébeien.

Le collége municipal avait son orateur (syndic) et son secrétaire. Il nommait les juges, car il y avait une juridiction laïque à côté de la juridiction cléricale.

« Pendant des siècles, dit le catholique Kersten-
» brok, chroniqueur munsterien, contemporain et
» ennemi des Anabaptistes, mais dont le récit naïf
» et circonstancié n'est pas sans charme ; pendant
» des siècles, ces chanoines ont vécu comme des
» anges, tant grande était leur vertu, ainsi que leur
» foi. Pendant des siècles, la paix et la concorde ont
» régné dans la ville, employant ses richesses à
» bâtir des églises, à fonder des couvents et à créer
» de nombreux établissements de bienfaisance.
» Dans aucune ville d'Allemagne de cette époque
» on ne trouve tant d'édifices somptueux, ni tant
» de bien-être dans toutes les classes des habitants.
» Mais avec la prospérité matérielle, la corruption

» est entrée dans la ville. Nulle classe ne voulait
» plus rester à sa place. Les bourgeois se faufilaient
» dans les rangs des patriciens ; ceux-ci, dédaignant
» le gouvernement de la cité, vivaient avec la che-
» valerie, et cherchaient à y faire entrer leurs fils
» et leurs filles ; ce que voyant, les travailleurs de
» tous les corps d'état ont prêté une oreille attentive
» à toutes les prédications de révolte et de spolia-
» tion. »

Ce que Kerstenbrok ne dit pas expressement, bien que cela résulte d'autres faits qu'il raconte, c'est que les chanoines, ces anges, se distinguant de tous les autres nobles par une barette de soie brodée d'or, vivaient dans la paresse, jouant, chassant, pariant et entretenant publiquement des concubines, jusqu'au cœur du palais prévotal.

« Il n'y avait pas dans la ville, dit Hast, une jeune
» beauté, mariée ou non mariée qui, dans ses rêves
» de bonheur, ne s'écriât : « Que ne suis-je la maî-
» tresse d'un chanoine ! »

Telle était la situation de la ville de Munster du temps de la Réforme de Luther.

II

PREMIÈRES LUTTES CONTRE L'EPISCOPAT

La doctrine de Luther avait à peine pénétré dans la ville par des chapelains prédicateurs, dont le principal se nommait Cansen, que le peuple de Munster s'attroupait devant les couvents et les menaçait de pillage.

Voici, d'après Kerstenbrok, un échantillon des discours de Cansen.

« Pourquoi restez-vous là comme des gens en-
» dormis? Ne savez-vous pas que nous aurons
» bientôt ce noble joyau, qu'on appelle : *Liberté*,
» et dont tout un chacun, par la loi de la nature,
» doit jouir? »

« N'avez-vous rien entendu encore de la nouvelle
» que les ténèbres de l'erreur seront chassées sous
» peu et que la lumière de l'Evangile, étouffée par
» l'orgueil et la rapacité des papistes, va enfin luire
» pour le peuple? Ne savez-vous pas ou plutôt
» sachez que leurs scélératesses sont enfin démas-
» quées et que ç'en est fini de l'esclavage qu'ils nous
» ont imposé depuis des siècles!! »

Ce que le peuple reprochait aux couvents, c'était

d'avoir monté des métiers de tissage pour laine et fil, concurrence contre laquelle il ne pouvait lutter et de faire engraisser sur les prairies communes, appartenant aux couvents, une grande quantité de bœufs vendus au marché; concurrence qui détruisait le commerce des engraisseurs laïques de la ville.

Le *Conseil,* ainsi se nomma le gouvernement de la ville, ordonna au couvent de femmes *Nitzink* de faire démonter tous les métiers, et pendant qu'un menuisier fut envoyé pour les démonter, le peuple en masse pénétra dans l'Hôtel-de-Ville. Le *Conseil* lui députa quatre conseillers des plus populaires pour lui demander de formuler ses plaintes par écrit, en promettant de les prendre en sérieuse considération, et lui intima l'ordre de se retirer paisiblement. Ce fut dans le mois de mars 1525, deux mois avant la défaite de Munzer à Frankenhausen. Lé peuple se retira, mais trois jours après il présenta les articles suivants, contenant ses plaintes et ses demandes. Ces articles sont curieux à plus d'un titre. On verra, qu'après trois siècles de guerres et de révolutions, grand nombre de ces griefs existent encore dans plusieurs pays catholiques, qui se piquent d'être à la tête de la civilisation.

Premièrement.

« Le chapitre, s'appropriant toujours les biens des évêques décédés, il est de toute justice qu'il paie aussi leurs dettes, ce qu'il n'a jamais fait. »

Deuxièmement.

« Le chapitre ou le canonicat ne doit plus avoir le
» pouvoir d'excommunier un citoyen, ni de le mettre
» au ban. Nul bourgeois ne doit être justiciable que
» de la justice séculière. »

Troisièmement.

« Il doit être défendu à tout ecclésiastique, à
» quelque ordre qu'il appartienne, prêtre, moine,
» nonne, vicaire, de trafiquer, de gérer un com-
» merce, de travailler au métier, de brasser de
» la bière, de distiller des liqueurs, d'engrais-
» ser des bœufs, de tisser de la toile, de sécher
» du blé, toute occupation faite dans un but de
» gain et de lucre. Tous les métiers qu'ils pos-
» sèdent seront vendus, sinon le peuple s'en em-
» parera de force. »

Quatrièmement.

« Nul ecclésiastique ne sera plus exempt d'impôt! »

Cinquièmement.

« L'autorité ecclésiastique et séculière défendra à
» leurs serfs, dans les campagnes, de faire concur-
» rence aux travailleurs libres, de brasser de la
» bière, de cuire du pain pour la vente. »

Sixièmement.

« Deux conseillers, deux chefs de *Guildes* et deux
» citoyens privés seront nommés pour vérifier et
» garder tous les revenus des *fraters*. Ils alloueront
» à chacun des moines la somme nécessaire pour
» son entretien. Si l'un d'eux meurt, un autre peut
» prendre sa place. Tout moine est libre de quitter
» la confrérie et de porter le costume qui lui plaît. »

Septièmement.

« Ces six délégués s'empareront de tous les biens
» immobiliers des couvents et les revendront aux
» prix d'achat. »

Huitièmement.

« Même mesure pour les couvents des nonnes.
» Le magistrat fixera le nombre de nonnes admis-
» sibles. On n'aura égard dans ce choix ni à la no-
» blesse, ni à la richesse. Il est permis aux nonnes
» d'emporter leurs bijoux au couvent et de les
» porter. »

Neuvièmement.

« La nouvelle Réforme religieuse, dont il est ques-
» tion, sera soumise au vote du peuple. »

Dixièmement.

« Tout homme, sans distinction de classe, de for-
» tune et de naissance sera soumis au même tri-
» bunal, à la même juridiction. »

Onzièmement.

« Nul moine, carmélite, augustin ou prêcheur ne-
» sera toléré dans la ville. Il ne sera permis à aucun
» moine d'un ordre mendiant de prêcher dans la
» cité. »

Douzièmement.

« Il est défendu de léguer quoi que ce soit en
» biens mobiliers et immobiliers à un ecclésias-
» tique, sous n'importe quel prétexte religieux.
» Nul prédicateur ne nommera son chapelain sans
» le consentement des échevins et des conseillers
» du quartier où est située l'église. »

Treizièmement.

« Tout chrétien a le droit de se marier quand bon
» lui semblera. Toutes les lois restrictives à ce sujet
» sont abolies. »

Quatorzièmement.

« *Toutes les courtisanes, ainsi que les concubines*
» *des chanoines, seront forcées de porter un signe*

» *extérieur et particulier, afin que l'on puisse en*
» *honneur et sans se tromper, saluer une honnête*
» *femme et dédaigner les personnes malhonnêtes.* »

Quinzièmement.

« Les haies entourant les prés depuis cinquante
» ans seront coupées, afin que le bétail puisse y
» vaguer dans les saisons voulues. »

Seizièmement.

« *Nul procès ne durera plus de six semaines, sous*
» *aucun prétexte,* »

Dix-septièmement.

« Nul bourgeois ne doit rester en prison quand il
» pourra donner une caution, à moins qu'il ne soit
» accusé criminellement. »

Suivent quelques griefs locaux sans grand intérêt.

Le *Conseil* soumit ces articles aux *Quarante* et ne
leur cacha pas qu'il y avait un réel danger à ne pas
les signer. Ils signèrent donc, mais en même temps
ils envoyèrent à l'évêque Frédéric de Weda une
protestation, dans laquelle ils déclarèrent leur signature extorquée sous des menaces de mort, et par-
conséquent nulle et non avenue.

Et le lendemain de la signature ils quittèrent la
ville, ainsi que toute la noblesse laïque.

L'évêque envoyait lettre sur lettre au *Conseil*.
Dans ces lettres, l'évêque non-seulement protesta
contre les articles, mais menaça la ville de représailles sanglantes.

Il s'adressa en même temps à son frère l'Electeur
archevêque de Cologne, le priant d'intervenir par la
force.

Le *Conseil*, à son tour, répondit à l'évêque que les
articles avaient été signés librement, que les cha-

noines pouvaient rentrer dans la ville, sinon dans leurs priviléges, quand bon leur semblerait et qu'il s'en tiendrait là.

L'Électeur jugea à propos de temporiser. Dans ce temps les paysans battus en Thuringe tenaient encore la campagne en Franconie et en Alsace. Mais dès que les chefs des paysans furent battus et pris, dès que la réaction cléricale et nobiliaire répandait partout la terreur et la mort, l'Electeur envoya trois commissaires à Munster, qui, sous menace de mort et de confiscation de toutes les libertés municipales, imposèrent à la ville les trois articles suivants :

Premièrement..

« Les signatures extorquées par l'autorité de la » ville aux chanoines sont annulées, comme si elles » n'avaient jamais existé. »

Deuxièmement.

« Les chanoines rentreront dans la ville et dans » tous leurs privilèges. »

Troisièmement.

« Tout opposant à ce décret par des paroles ou » des faits sera puni d'après la rigueur de la loi. » Tous les prédicateurs évangéliques seront dé- » posés et expulsés de la ville. »

Dans la même année, l'Empereur Charles-Quint lança un décret spécial contre la ville de Munster, ordonnant que tout propagateur de nouvelles doctrines, tout fauteur de troubles sera puni de mort.

Mais l'Empereur était loin et Knipperdolling né à Munster y était retourné depuis son expulsion de Stockholm.

Sa présence s'y faisait sentir partout.

KNIPPERDOLLING. — LA SUEUR ANGLAISE.

Dans le Musée de Francfort il existe un portrait de Knipperdolling. C'est une tête aussi énergique qu'intelligente, ayant quelque ressemblance, mais en beaucoup plus beau, avec Marat. C'était un véritable tribun avec le mot populaire pour soulever les masses. Il était drapier de son état. Il avait de l'instruction et il savait inspirer aux autres sa haine contre le clergé et la noblesse.

Deux ans après les articles imposés au *Conseil* par l'évêque, dans l'année 1527, pendant que Justen de Brandebourg, l'*official* de l'évêque, c'est-à-dire le juge nommé par lui, siégeant au *Paradis* (tribunal clérical) juegait un citoyen ayant mal parlé de l'évêque et des chanoines, Anton Cruse, une arme blanche à la main, à la tête d'une bande d'ouvriers, pénétra dans le prétoire et menaça le juge de mort.

Le président et les trois juges eurent à peine le temps de se sauver par la fuite.

L'évêque exigea l'arrestation de Cruse.

Celui-ci s'était réfugié dans le cloître de l'ordre

10.

teutonique, qui avait le privilége de ne livrer aucun criminel, ayant cherché un abri dans ses murs.

L'évêque répondit que ce privilége n'était pas applicable à un criminel comme Cruse.

Le magistrat menacé, fit arrêter le coupable et le fit enfermer dans la tour de Notre-Dame.

Knipperdolling, patron de Cruse, suivi de loin d'un attroupement, se présenta au *Conseil*, le priant d'intervenir auprès de l'évêque, en faveur du prisonnier, et sur le refus du *Conseil*, lui et une centaine d'ouvriers se rendirent à la tour où Cruse était détenu, la forcèrent, remirent Cruse en liberté et le conduisirent en triomphe dans une auberge en face du *Paradis*.

L'évêque, furieux, envoya menaces sur menaces, mais toujours sur papier. Il n'avait point d'armée. Le *Conseil*, qui lui avait gardé une rancune bien vive pour la violence que son frère lui avait faite au sujet de la suppression des articles, s'assembla et condamna les perturbateurs à être expulsés de la ville pour un certain temps.

Quelques jours après ces évènements, le feu fut mis pendant la nuit au palais du tribunal de la justice épiscopale, appelé le *Paradis*.

Tout l'édifice, y compris la bibliothèque canonicale, fut dévoré par les flammes. Le peuple de Munster, au lieu de songer à éteindre le feu, dansa des rondes autour de l'incendie, en s'écriant que c'était un châtiment envoyé du ciel. Dans cet incendie se sont perdues toutes les Archives de la Westphalie depuis Charlemagne, ainsi que des documents de la plus haute antiquité, écrits sur des écorces d'arbre.

Une peste appelée *Sueur anglaise*, suite des cruautés barbares de la réaction contre les paysans, ravagea l'Allemagne de 1528 à 1529. Il n'y avait pas de ville où le bourreau chômait seulement huit jours. Partout des aveuglem nts, des mutilations, des pendaisons, des écartelements, des décapitations, des noyades et des rôtissements à petit feu entre deux bûchers. On compta plus de trois mille hommes morts par la main du bourreau. Plus de cent mille moururent de dénuement, de misère et d'angoisses. La plupart de ces malheureux pourrissaient sans sépulture dans les forêts, dans les bruyères et dans les mares stagnantes. Les champs n'étaient plus ensemencés, les pauvres vivaient comme des bêtes fauves, de racines et de rapines. Tout indigent était considéré comme un conspirateur, ne méritant que la prison ou la mort.

Il n'est donc pas étonnant que la peste, appelée *Sueur anglaise*, ait alors fait de si grands ravages parmi toutes les classes de la société. C'était une maladie terrible. En vingt-quatre heures, on était ou mort ou guéri. La Westphalie, quoique jusqu'alors exempte de grands troubles, était visitée par cette peste et c'est grâce à cette calamité publique que la ville de Munster put pendant quinze mois jouir d'un calme relatif. Mais ce danger passé, les mêmes causes non éloignées devaient produire les mêmes effets, à Munster comme partout ailleurs.

IV

ROTTMANN.

Trois hommes, dépassant toutes les figures de la
Réforme, illustrent l'Allemagne du seizième siècle
et témoignent de la grandeur divine de l'homme,
autant par le génie que par leur dévouement à
l'idéal, au risque de leur vie et de leur réputation.

Ce sont Luther, Munzer et Rottmann.

Luther, malgré ses défaillances, est un génie de
premier ordre. Lui, le premier, a osé se mesurer
avec le colosse aux mille bras de Rome. Lui, le
premier encore a fait connaître la Bible, en la tra-
duisant de l'hébreu et, par sa traduction même, a
créé la langue allemande. Lui enfin, le premier, a
créé l'école publique, en demandant dans plusieurs
sermons qu'elle fût obligatoire, entretenue par la
commune et l'Etat. Ce qui a manqué à Luther, ce
fut un cœur plus tendre pour compâtir aux souffrances du peuple. Il n'a pas compris la portée sociale de ses propres réformes. Despote de sa nature,
violent et superstitieux; il a cru de sa main puissante pouvoir arrêter le flot qu'il avait fait monter

et qui a failli le noyer. Luther eût été aussi grand général que théologien.

Les conseils qu'il donne aux princes sont frappés au coin de la raison et d'une audace ne dépassant pas la praticabilité.

C'est lui, qui par ses conseils, a créé la Suède constitutionnelle de Gustave Wasa, dont le descendant, Gustave Adolphe, venant au secours des princes évangéliques en guerre avec l'empire et le pape, a sauvé la Réforme. C'est lui aussi qui le premier a conseillé au Margrave Albrecht de Brandebourg d'abandonner l'ordre teutonique, de se marier et de fonder une principauté protestante et séculière. *La Guerre des Paysans* et l'anabaptisme sont sortis de ses entrailles. En se les arrachant de force, il s'est tué du coup. Après la défaite de Munzer, la parole de Luther n'a plus d'influence sur le peuple. Après la mort de Rottmann, sa parole a perdu tout poids pour les princes. Il s'était survécu. La réaction papiste a été si forte que, malgré la paix de Nurenberg, c'en était fait du protestantisme et des protestants, sans le secours de Gustave Adolphe.

Munzer n'a pas eu le génie de Luther. Il lui a manqué la science de l'histoire et il était trop jeune pour connaître les hommes, mais jamais plus noble cœur n'a battu dans la poitrine d'un mortel. Tout en lui, même quand il se trompe, est noble et désintéressé. Il n'a songé qu'au bonheur et qu'à l'affranchissement du peuple opprimé, maintenu par la force brutale dans une dégradante servitude, exploité, décimé par une noblesse besoigneuse et dissolue, par un clergé ignorant et débauché. Ce peuple, il est vrai, plongé dans les ténèbres de l'ignorance, n'était pas à la hauteur de tant de dévouement ; mais Munzer, certes, n'a pas donné sa vie pour une chimère. Il savait qu'il mourrait à la peine, et depuis sa mort les peuples ont fait des pas de géant, en Europe aussi bien qu'en Amérique. Le progrès n'ira pas jusqu'à la communauté des biens, contraire à la nature de l'homme, mais il arrivera à tous les droits des faibles par les devoirs imposés aux forts.

La communauté des biens de Munzer n'était, d'ailleurs, au seizième siècle, qu'une imitation de la communauté des couvents, aussi mortelle pour le bien général que tout autre communisme.

La troisième figure, c'est *Bernhard Rottmann*; ainsi l'appelle Kerstenbrock, en faisant allusion au mot qui signifie : *homme de l'émeute*. Les autres historiens écrivent son nom *Rothmann*, qui, chose singulière, veut dire : *l'homme rouge*.

Bernhard Rottmann était né à Stadloo, dans le diocèse de Munster, d'un père accusé de sorcellerie. Son parent, le vicaire Sibings, frappé de son intelligence précoce, le fit élever à l'église St-Maurice, où il apprit le latin et la musique, car il avait une belle voix et se distinguait comme enfant de chœur. Il fut envoyé à Mayence pour y faire ses études de théologien.

Après avoir été gradué docteur, il retourna dans son pays, fut nommé recteur à Warrendorf, petite ville fortifiée à quelques lieues de Munster, puis prédicateur dans cette même église St-Maurice, à Munster, où il avait été enfant de chœur. Mais comme il lui échappait de temps à autre certaines paroles frisant l'hérésie, les chanoines du chapitre, à cause de sa grande jeunesse, résolurent de l'envoyer à Cologne pour le fortifier dans l'étude et la foi du vrai catholicisme. Rottmann ne jugea pas à propos de rester à Cologne. Soutenu par quelques bourgeois de Munster, auxquels il s'adresse souvent pour quelques misérables florins, il se rendit à Wittenberg, où il devint l'ami et le disciple de Mélanchton. De là, il fit une excursion à Strasbourg, qui a toujours été la ville la plus hospitalière pour tout homme d'étude et de progrès. Au bout de quelques années, Rottmann retourna à Munster, reprit ses fonctions de prédicateur, devint en peu de temps le chef spirituel de la ville et finit, après une lutte, dont nous allons conter les vicissitudes, par une victoire complète sur l'épiscopat, en introduisant, en sa qualité de surintendant, sa propre religion évangélique, différant seulement de celle de Luther et de Zwingli par quelques points secondaires.

Rottmann était l'homme le plus éloquent de son siècle.

Sa parole fluante, mélange de miel et de fiel, était un vrai délice. Autant au fond il était agressif, autant sa forme était souple et suave. C'était un orateur diplomate. Il ne dit jamais plus que ce qu'il veut dire, bien qu'il se laisse parfois aller à des longueurs et à des répétitions. Il sait attendre, mais le moment venu, il ne recule devant aucun danger, devant aucun intérêt, pas même le sien, pour énoncer ses idées qui, sous une forme captieuse et avec des paroles melliflues, touchent parfois aux dernières limites de l'extravagance.

Jamais homme n'a compromis et perdu son propre pouvoir avec autant de gaîté de cœur que Rottmann. Pendant des années, le Conseil municipal de Munster, les princes les plus puissants de l'Allemagne réformée, tous les hommes de science et de progrès ont pris fait et cause pour lui et sa Réforme. Cette Réforme, a peine introduite et reconnue dans un traité solennel signé par l'évêque même, Rottmann, le lendemain de son triomphe, devenu l'idole et le chef absolu de la bourgeoisie, se déclare en faveur des Anabaptistes, renonce à toutes les ovations publiques. s'éprend d'une vie monastique, et proclame la venue du règne du Christ par le peuple régénéré *et par la communauté forcée des biens.*

Dès ce moment le Conseil municipal l'abandonne. La ville se scinde en deux partis ennemis. Les princes, ses amis, deviennent ses ennemis mortels, tous ses collègues d'étude et de prédication, son propre beau-frère en tête, se déclarent et prêchent contre lui. Rottmann, prié, supplié de ne point abandonner son poste de surintendant, de ne point quitter ses meilleurs amis, qui pendant des années ont combattu à ses côtés, partageant ses joies et ses peines, reste sourd à toutes les prières, à toutes les menaces et va se jeter dans les bras des Anabaptistes hollandais.

Nombre d'historiens, doutant du bon sens de Rottmann, le prennent, les uns pour un ambitieux de bas étage, avide d'ovations populaires, les autres pour un original quelque peu détraqué. D'autres l'appellent un Tartuffe pris dans ses propres piéges. Kerstenbrok l'appelle sorcier du diable. La vérité est que jamais homme plus sincère, ni plus désintéressé, n'a respiré dans l'histoire humaine.

Seulement, à le voir se développer et avec lui le destin de sa patrie, on se demande si dans son début il avait caché les conséquences de ses doctrines, ou s'il n'a pas lui-même marché, d'étape en étape, jusqu'à l'anabaptisme, au fur et à mesure que la logique de ses idées l'y a poussé. Je crois, et le lecteur en lisant son histoire, que je puise dans Kerstenbrok son ennemi le plus sévère, verra que Rottmann, de pas en pas, a marché d'un cœur sincère et d'un esprit décidé jusqu'à la mort héroïque qu'il a trouvée en tête des derniers combattants, le jour de la prise de la ville de Munster. Il est allé au devant de cette mort, découragé et désillusionné, mais il y est allé de lui-même et sans songer une minute à s'échapper. Rottmann, comme tant d'hommes bien doués, a su vaincre de puissants ennemis, mais il n'a pas su se vaincre soi-même. Il n'a jamais douté un moment de lui-même. Enivré par les succès populaires, il a cru que toutes ses idées, absolument toutes, étaient vraies et justes, sans les passer au crible de la critique et de la raison, et qu'il fallait en faire l'application immédiate malgré les avis contraires de ses adversaires, ses meilleurs amis.

Comme tant d'autres grands orateurs, meilleurs parleurs que profonds penseurs, il s'est enivré de sa propre éloquence, même quand cette éloquence avait perdu son charme sur ses auditeurs de distinction et de savoir. Mais, dans ses erreurs les plus hardies il a toujours été sincère, il a toujours été honnête, il a toujours cru lui-même ce qu'il à prêché; il n'a jamais eu la moindre arrière pensée d'ambition ni de domination; toujours prêt à donner sa vie au peuple, qu'il lui a donnée, du reste, noblement, héroïquement, comme un grand cœur qu'il était!

V

LUTTE ENTRE ROTTMANN ET L'ÉVÊQUE FRANÇOIS DE WALDECK.

En l'année 1532, en vertu d'un édit de l'Empereur, un impôt forcé fut prélevé dans toute l'Allemagne pour les frais de la guerre contre les Turcs. Dans la même année Rottmann commença à prêcher l'Evangile contre le pape et les papistes, en se tenant, à quelques variantes près, dans les limites de la profession de foi de Luther. Dénoncé par le chapitre, l'évêque lui ordonna de quitter la ville. Rottmann, après avoir écrit une lettre de soumission à l'évêque, tout en demandant des juges, s'adressa au *Conseil* de la ville, en lui soumettant sa profession de foi. Le *Conseil* ayant pris fait et cause pour lui, l'évêque, Mgr de Wied, homme pacifique, se démit volontairement de ses fonctions contre une rente viagère de deux mille florins, garantis par le chapitre. Le duc Erich, évêque d'Osnabruck et de Paderborn, fut élu à sa place.

Le nouvel évêque étant apparenté avec le duc de Brunswick et plusieurs autres maisons princières, les chanoines, par ce choix, espéraient intimider le

Conseil de la ville, et en cas de besoin trouver main forte contre elle. Le lendemain de cette élection les *Guildes* (corps d'état) de la ville, présentèrent une pétition au *Conseil*, demandant que la profession de foi de Rottmann fût adoptée et proclamée comme la seule religion digne d'hommes et de citoyens. Le magistrat, pressé par l'évêque de sévir contre Rottmann, lui envoya la pétition comme preuve de son impuissance. L'évêque insistant plus que jamais, Rottmann dans une épitre, déclara qu'il était prêt à défendre sa doctrine devant n'importe quel tribunal d'hommes compétents. L'évêque envoya un commissaire à Munster exigeant du *Conseil*, non-seulement l'expulsion de Rottmann, mais encore celle d'un autre prédicateur nommé Brixius, qui de catholique venait d'embrasser la doctrine de Rottmann et dont plus tard il épousa la sœur. Le *Conseil* refusa. L'évêque allait employer des moyens de coërcition, lorsqu'il mourut subitement, à son château de Furstenau, au milieu d'un festin, d'aucuns disent d'une orgie,

Le chapitre élut à sa place François, comte de Waldeck, évêque de Minden.

Le nouvel évêque, à peine élu, demanda, dans un bref plein de menaces, l'expulsion de tous les prédicateurs évangéliques. En réponse à ces menaces, Knipperdolling convoqua les *Guildes* dans la *Schauhaus* (maison de réunion). Ils élirent vingt-six nouveaux chefs, tous partisans de Rottmann. Ces chefs. à peine élus, se présentèrent au *Conseil* pour demander l'introduction de la nouvelle profession de foi. Le *Conseil*, après avoir fraternisé avec les chefs des *Guildes*, envoya au chapitre épiscopal une lettre le priant de réfuter les doctrines de Rottmann, ou de les soumettre à un tribunal composé de docteurs-ès-théologie. A l'évêque, le *Conseil* écrivit qu'expulser Rottmann ce serait plonger la ville dans l'anarchie et mettre la vie des chanoines en danger. Il écrivit en même temps au Landgrave Philippe de Hesse, protecteur des Luthériens, et le pria d'intervenir auprès de l'évêque en faveur de la ville. Le Landgrave répondit au *Conseil* qu'il était prêt à faire une tentative d'intervention en faveur de la liberté de conscience, pourvu que le *Conseil*, à son tour, s'engageât à défendre aux prédicateurs évangéliques de propager des doctrines anabaptistes. Il écrivit, en effet, à l'évêque, mais celui-ci. s'en rapportant à l'édit impérial, répondit qu'il emploierait la force.

Le *Conseil*, pour toute réponse aux menaces de l'évêque, ordonna aux prédicateurs catholiques de cesser toute prédication jusqu'après la réfutation de Rottman. En même temps le peuple, conduit par Knipperdolling, pénétra dans les églises, détruisant les autels et les images. Le lendemain de cette journée, Brixius épousa la sœur de Rottmann, et cette noce fut célébrée comme une fête populaire. Toute la noblesse, presque tous les patriciens, pris de peur, quittèrent la ville. Les couvents firent transporter leurs titres, leurs trésors et leurs archives dans le château de l'évêque. Les deux bourgmestres de la ville donnèrent leur démission et se mirent sous la protection de l'évêque. Le peuple, après avoir voté un ordre du jour infligeant la honte aux fuyards, proposa comme premier bourgmestre Jean de Wyck, syndic de la ville de Brème, grand érudit, homme de bien, défenseur habile et énergique de la Réforme évangélique, et dont le sort tragique n'a pas peu contribué à l'exaspération du parti populaire.

Le lendemain de cette élection, Rottmann, sur l'invitation du *Conseil*, publia sa profession de foi, qui fut en même temps signée par cinq autres prédicateurs, dont voici les noms : Brixius du Nord, Jean Glandorp, Henri Rolle, Pierre Wertheim et Gottfried Ninhoven.

VI

PROFESSION DE FOI DE ROTTMANN

1

« La messe, composée de pièces et de morceaux par les hommes, est une dérision de la Cène du Christ et un outrage à sa mort.

2

» Il faut que la sainte communion soit conforme à celle introduite par le Rédempteur. Des chrétiens s'assemblant pour glorifier la mort de leur Sauveur. »

3

« Dans la messe, contrairement à la loi du Christ, un seul mange et boit pour tous. Il est encore plus abominable qu'on en fasse un sacrifice, qui soi-disant représente le Christ lui-même et qui, à la honte et en dépit des souffrances du Christ, sert d'expiation pour les péchés des vivants et des morts. En outre, presque toutes les messes sont achetées contre argent, semblable aux Juifs qui ont acheté Jésus à Judas, également contre argent. »

4

« Aussi impie qu'il est qu'un seul jouisse pour tous de l'Eucharistie, aussi impie est-il de ne la prendre que sous l'espèce du pain seul. La Cène étant le testament du fils de Dieu qui ne peut être changée par un homme. »

5

« Enfermer l'hostie et l'adorer en la faisant circuler est une horrible idolâtrie. Dieu seul, dont le ciel est le trône et dont la terre est l'escabeau, lui qui ne peut être enfermé par aucune main humaine dans un temple humain, lui seul doit être adoré. L'hostie dans une capsule n'est qu'un morceau de pain. »

6

« L'Eucharistie représentée par le repas religieux de pain et de vin, participation de la chair et du sang du Christ, est réellement un sacrement. Mais cela n'empêche pas le pain et le vin de n'être que du pain et du vin. Prétendre que par les paroles « *Ceci est mon corps,* » ces choses changent de nature et deviennent le corps du Christ, est une absurdité. »

7

« Les messes pour les morts ne se trouvent pas dans l'Ecriture, ni ne sont conformes à la vérité. Elles sont un opprobre au sang du Christ, car elles doivent servir à l'expiation des péchés et cette force seule réside dans le sang même du Christ. Elles ne sont donc que des fourberies faites pour extorquer l'argent aux simples et aux dupes. »

8

« Toutes ces cérémonies sont autant d'actes d'abominable idolâtrie. »

9

« Dans l'église, c'est-à-dire dans l'assemblée des fidèles, toute chose n'ayant d'autre but que l'édification et l'amendement de chaque membre, il est de première nécessité que chacun comprenne ce qui s'y dit. Il n'y a pas d'amendement possible par des paroles que le peuple ne comprend pas. »

10

« Donc, il ne faut se servir dans l'église que de la langue comprise par les fidèles. »

11

« De même, le baptême doit être administré dans la langue du peuple. »

12

« Toutes les cérémonies, tous les chants inventés pour rapporter de l'argent, sont répréhensibles et doivent être abolis. »

13

« Eau, cierges, herbes, branches, images, cloches, sel, huile, toute chose consacrée et bénie par certaines formules, cela sent son paganisme et doit être aboli. »

14

« Enduire un malade d'huile, autrement que pour le fortifier, est un acte impie et blasphématoire. »

15

« Invoquer les images des saints, les porter en procession, est une pure idolâtrie. »

16

« Comme il est écrit (aux Thess. 2, v. 3 et 4), l'enfant de la corruption, c'est le récalcitrant qui se met au-dessus de Dieu et de son service, qui s'intronise dans le temple comme un Dieu et prétend être comme Dieu, nous déclarons que nul mortel ne peut se dire Vicaire de Dieu, que nul n'a le pouvoir de pardonner des péchés et d'affranchir les âmes. »

17

« Nous sommes prêts à défendre verbalement tout ce que nous venons d'écrire. »

SUITE DE LA LUTTE. — COMMENCEMENT DES HOSTILITÉS.

Ces propositions furent soumises au *Conseil*. Celui-ci se déclarant incompétent, les soumit au clergé avec prière de les réfuter. Il pria en même temps l'évêque de nommer une commission ecclésiastique pour les examiner et les réfuter au besoin.

A l'édit de l'Empereur, envoyé par l'évêque, ordonnant de chasser tout prédicateur évangélique, le *Conseil* opposa un autre édit impérial publié à l'occasion de l'impôt forcé et disant « que toute querelle religieuse devait être pacifiée et arrangée par les chapitres et les autorités, selon les lois et les libertés de chaque pays. » Le *Conseil* ajouta qu'il n'avait pas le pouvoir de faire ce que l'évêque lui demandait; que ce serait livrer la ville et la province à l'anarchie.

Pendant ce temps, les chanoines, le clergé et toute la chevalerie se réunirent dans le château de l'évêque à Billerbek, pour se concerter sur les moyens de coërcition, et pour embaucher des soldats. L'évêque ne cacha pas ses embarras. Il n'avait pas d'argent. Il devait l'arrérage de 2,000 florins de rente à l'évêque démissionnaire, tout son argent ayant été dépensé à Rome, pour obtenir la confirmation papale de son élection. Les chevaliers s'engagèrent personnellement à lui prêter de l'argent moyennant intérêts. Un *Landtag* fut convoqué à Wollbeck. L'évêque nomma huit chevaliers pour ses commissaires. Un maréchal fut nommé. Une armée devait être embauchée et la ville fut sommée d'envoyer un délégué à la diète. La ville s'en référant à un nouvel édit de l'Empereur, temporisa.

Voici cet édit daté de Nurenberg. « Des troubles » ayant eu lieu dans l'Empire à propos de questions » religieuses, troubles qui pourraient compromettre » la paix publique, dans un moment où le Turc a » envahi la Hongrie et menace l'Autriche et les » autres Etats de l'empire, l'Empereur Charles- » Quint ordonne ce qui suit : »

« Conformément à un décret de l'Empereur Maxi- » milien, rendu à Worms, il est interdit sous pré- » texte de religion, d'attaquer à main armée, de » tuer, de piller, ni de brûler qui que ce soit, jus- » qu'aux réglements définitifs de ces questions, qui » doivent avoir lieu dans un synode ou dans une » Diète impériale après la paix rétablie. »

L'évêque, furieux de l'impuissance de sa Diète et de la résistance de la ville, jugea à propos de se rendre justice lui-même. Ses lansquenets embauchés, arrêtèrent sur ses ordres un troupeau de bœufs destinés au marché de Cologne et appartenant à des bourgeois de Munster. Huit jours après, plusieurs citoyens notables de la ville, se rendant également à Cologne, furent saisis par les soldats de l'évêque et détenus comme otages dans les prisons du château épiscopal. La ville de Munster, après avoir réclamé, mais en vain, les bœufs saisis, après avoir protesté vigoureusement, mais également en vain, contre l'arrestation arbitraire de plusieurs citoyens de la ville, en rappelant à l'évêque, que d'après les statuts de la ville, confirmés par l'Empereur, nul citoyen ne pouvait être soustrait à la juridiction civile et séculière, convoqua tous les habitants de la ville pour procéder à de nouvelles élections. Celles-ci ayant donné la majorité au parti de Rottmann, le nouveau *Conseil* résolut d'embaucher une armée forte au moins de six cents hommes, de frapper le clergé d'un impôt et d'armer tous les citoyens de la ville, afin d'opposer la force à la force.

Le *Conseil*, en outre, écrivit à l'Electeur de Cologne, en lui rappelant l'édit de paix de l'empereur. En même temps, il s'adressa à tous les jurisconsultes de l'Allemagne, demandant aide et protection contre les empiétements de l'évêque et de son chapitre.

Parmi ces jurisconsultes, se distingue Jean de Wyck, qui, par ses conseils et son intervention attacha la ville à la Confédération de Schmalkade, instituée pour la protection de la foi évangélique.

L'Electeur dans sa réponse, conseilla à la ville de faire des concessions et d'arranger la querelle à l'amiable.

Le Landgrave de Hesse écrivit pour la seconde fois à l'évêque. Celui-ci consentit à s'en remettre à un synode composé par les différentes petites villes du diocèse, mais sans relâcher ni les bœufs ni les citoyens.

VIII

Pendant ces négociations, les douze chefs des Guildes adressèrent au *Conseil* la pétition suivante :

« Patriotes ! Citoyens et amis !

« La parole de Dieu et de la pure doctrine du
» Christ ayant été prêchée par Rottmann, bon nom-
» bre de citoyens étant arrivés par cette parole à la
» connaissance de la vraie foi et s'y étant fortifiés,
» tous les corps d'état de la ville sans distinction
» ayant déclaré qu'ils ne reconnaîtraient jamais
» d'autre doctrine ni d'autre foi, nous avons décidé,
» ce qui suit : Nul danger, nulle menace ne nous dé-
» tourneront de nos devoirs. Nous sommes résolus
» de défendre notre foi jusqu'à la dernière goutte de
» sang, à moins qu'on ne parvienne, par des preu-
» ves tirées de l'Ecriture, à nous faire changer
» d'avis. Travailleurs et chefs, nous prions le Con-
» seil municipal de nous accorder le pouvoir de
» défendre cette foi par les armes, au risque de
» notre fortune et de notre vie, tout en permettant
» à chacun de croire ce que bon lui semble et de

» nous permettre de prendre des mesures en con-
» séquence. »

Il y eut à l'hôtel-de-ville une réunion de tous les citoyens adhérents à la nouvelle foi. Tous, sans distinction firent un serment solennel de vivre et de mourir pour cette foi.

Le *Conseil* nomma trois plénipotentiaires, Jean de Wyck, Gaspar Schroederken et Jean Umgrove, pour défendre ses intérêts auprès des princes.

Un moine publia une brochure pour réfuter la profession de Rottmann. Ce pamphlet porte le titre « *Christianæ veritatis telum.* » Il n'en reste que le titre. C'était un *telum sine ictu*. Rottmann se contenta d'en faire la lecture du haut de la chaire.

Après une autre tentative d'intervention, mais également vaine, par une Diète convoquée à Wolbeck, l'évêque réunit le clergé, la chevalerie et les représentants des petites villes du diocèse à Telgt. Là, il fut bravement résolu d'employer l'argent recueilli pour la guerre contre les Turcs, contre les hérétiques de Munster.

La ville, outre six cents hommes qu'elle venait d'embaucher, arma tous les citoyens capables de porter les armes et ayant prêté le serment de l'hôtel de ville. Et comme l'évêque avait fait défense, sous peine de mort, aux campagnards des bans environnants de vendre aux Munstériens ni vivres, ni armes, ni bétail, ni fruits, ceux-ci firent de fréquentes sorties pour se procurer des approvisionnements qui, d'ailleurs, malgré la défense de l'évêque, leur furent livrés en abondance, souvent sans paiement demandé.

Rottmann, de sa parole, soutenait ses défenseurs dans la rue aussi bien que du haut de la chaire.

Vers cette époque, son ancien ami Mélanchton lui adressa une lettre publique dans laquelle il le pria avec instance de ne pas s'attaquer au baptème des enfants, et de s'abstenir de tout agissement politique.

« Plût à Dieu, cher ami, s'écrie Mélanchton, que
» nous pûssions unir nos efforts et discuter ensem-
« ble les passages de l'Ecriture dont l'interpréta-
« tion juste est si nécessaire à l'Eglise. Nous avons
« assez d'ennemis sur le dos. Ils ne demandent pas
« mieux que de nous voir désunis et nous déchirant
« les uns les autres, par des discordes fraternel-
« les. »

Luther, à son tour, écrivit au *Conseil* de Munster.

Après l'avoir félicité d'avoir embrassé la cause de l'Evangile, il ajoute :

« Nous ne sommes pas sans inquiétude, attendu
« que le vieil ennemi est toujours en embuscade
« derrière le verbe pur. Je crains comme saint Paul,
« avertissant les Corinthiens et les Galathes, que
« l'esprit trompeur ne se faufile dans votre entre-
« prise.

« Je prie instamment le *Conseil* d'écarter, à tout
« prix, la doctrine sacramentale des Zwingliens et
« d'autres *visionnaires*. »

Luther latinise le mot allemand et dit « *aliorum-que Schwærmerorum* :

« Bien que Dieu se soit manifesté contre ces er-
« reurs par la mort terrible de Munzer, de Thile-
« man, de Hubemayer et de Zwingli lui-même, il
« est pourtant encore des esprits frivoles qui, mé-
« connaissant ces faits et n'ayant pas égard à ces
« châtiments divins, se fient à eux-mêmes et

» distillent ce venin dans le cœur du peuple. Dieu
» vous a donné un prédicateur célèbre bien doué :
» le magister Bernhard. Mais le diable est un vieux
» fourbe qui enlace les prédicateurs les plus habi-
» les dans leurs propres lacs. Gardez-vous des
» Zwingliens, gardez-vous des Anabaptistes qui
» se mêlent d'affaires politiques, qui, comme Zwin-
» gli, veulent gouverner eux-mêmes et qui tombent
» dans les embûches du Diable. »

Il va sans dire que Luther ne peut pas écrire une lettre sans parler plusieurs fois du diable.

Cette lettre est datée de Wittenberg, le jour de l'apôtre Thomas, 1531. Mais, depuis longtemps, la parole de Luther et de Mélanchton était lettre morte pour le peuple.

Les habitants de Munster, ayant été convoqués par l'évêque à la Diète de Telgt, répondirent qu'ils allaient procéder à l'élection de deux délégués. Mais au lieu de s'occuper de l'élection, ils s'assemblèrent à minuit et, suivis de leur petite armée et de quatre canons conduits par des campagnards dévoués, ils firent une sortie vigoureuse jusqu'à Telgt, surprirent une vingtaine de chevaliers et de chanoines au lit, les firent prisonniers et les amenèrent eux, leur argent, leurs bijoux, ainsi que soixante et un chevaux, au marché de la ville.

Inutile de dépeindre la joie du peuple. Toutefois, les prisonniers tremblant et craignant pour leur vie en furent quitte pour la peur. Ils furent détenus dans le palais prévotal.

L'évêque, jetant feu et flamme, s'adressa à tous les princes catholiques. Il s'adressa même à l'Empereur. Mais les Munstériens déclarèrent les épiscopaux de bonne prise, en guise de représailles, prêts pourtant à les rendre contre les citoyens de la ville détenus dans les oubliettes du château épiscopal, ainsi que les chevaux contre les bœufs.

Enfin, après des négociations traînées en longueur dans l'automne 1533, grâce à l'intervention du Landgrave de Hesse, du syndic de Wyck, grâce surtout aux supplications des nobles prisonniers, que la ville avait députés à l'évêque sur leur parole d'honneur écrite de revenir librement dans leur prison, un traité de paix fut conclu entre l'évêque et la ville, dont voici les principaux articles :

« L'évêque accorde à la ville liberté de conscience » pleine et entière pour la prédication de l'Evangile » *dans six paroisses.* »

« Par contre, la ville accorde la même liberté au » Chapitre des chanoines et à leurs églises. »

« Tout autre litige religieux sera déféré à la Diète » impériale qui doit avoir lieu après la paix. »

« L'évêque, comme auparavant, représente l'au- » torité cléricale et civile de la ville. »

« Par contre, l'évêque garantit et confirme toutes » les anciennes libertés de la ville. »

« Sauf les revenus des six paroisses qui revien- » nent de droit aux églises évangéliques, les habi- » tants de la ville paieront, comme à l'ordinaire, les » impôts et les dîmes à l'évêque. »

« Par contre, la ville nommera elle-même les pré- » dicateurs des six paroisses. »

« Tous les procès religieux et les litiges y relatifs » sont supprimés. »

« L'évêque restituera les prisonniers et tous » leurs biens. Il les indemnisera pour les autres » pertes. »

« L'évêque paiera six cents florins pour les qua-

« rante bœufs disparus. » (Ces six cents fl. ont été réduits à quatre cents).

Le traité conclu et signé, l'évêque fit son entrée solennelle dans la ville, et le *Conseil* lui présenta ses hommages d'allégeance et de fidélité.

Rottmann épousa la veuve du syndic Vigès, mort d'apoplexie.

Kerstenbrok dit « que c'était une femme sensuelle, et que du vivant de son mari elle avait des amants. » Mais ces détails sont sujets à caution, car ce chroniqueur, quoique contemporain de Rottmann, et bien que connaissant presque tous ses concitoyens de Munster, a toujours une histoire scandaleuse dans sa giberne, quand il s'agit d'un adversaire du catholicisme.

La noce de Rottmann fut célébrée comme une fête nationale.

Rottmann, prenant le titre de *surintendant de la ville*, nomma lui-même les prédicateurs pour les six églises enlevées avec leurs riches revenus aux Catholiques. Rottmann était le maître de la ville et, pendant la présence même de l'évêque à Munster, qui ne dura que trois jours, la bourgeoisie et le peuple, évitant de prendre part aux fêtes canonicales, firent de brillantes ovations avec des sérénades aux torches au nouveau marié, le vrai vainqueur du jour, et traversèrent la ville en bandes joyeuses, en chantant :

« Der Strick ist entzwei,
« Und wir sind frei. »

« La corde est coupée et nous sommes libres ! »

IX

Quelques semaines après ces événements, au milieu de son triomphe, Rottmann, changeant sa façon de vivre, refusant toute invitation à un repas public, évitant ses meilleurs amis, affichant une grande simplicité dans ses vêtements, et se confinant dans son cabinet d'étude, proclama subitement sa profession de foi anabaptiste, à la grande stupéfaction de ses amis, à la consternation de l'autorité évangélique à peine reconnue de la ville.

Voici les points principaux de cette profession de foi :

« Le baptême des enfants est une abomination de-
» vant Dieu. »

« Nul chrétien ne peut fréquenter les églises des
» infidèles. »

« L'hostie consacrée au-dessus de l'autel est le
» grand Baal. »

« C'est le samedi et non le dimanche qui est le
» jour du Seigneur. »

« Pendant l'espace de quatorze siècles il n'y a pas
» eu dans le monde entier un vrai chrétien. »

« Les Catholiques et les Luthériens sont d'impies
» païens. »

« On ne doit pas obéir à l'autorité des païens. »

« On ne doit obéissance qu'à l'autorité des vrais
» chrétiens régénérés. »

« Tous les mariages des chrétiens non régénérés
» ne sont que des concubinages. »

« Tous les chrétiens régénérés par le Christ sont
» égaux. Leurs biens doivent être en commun. »

« Toutes les vieilles cérémonies, des Luthériens
» aussi bien que celles des Catholiques, sont des in-
» ventions diaboliques de l'Antéchrist, qui s'appelle :
» Pape ! »

On a voulu expliquer la conversion subite de Rottmann, par l'arrivée à Munster de Mathiesen et de
son jeune disciple, Jean de Leyde. Mais il est certain
que Rottmann a été à Strasbourg et qu'il y a vu
Melchior Hoffman.

L'histoire et les principes de Munzer ne lui étaient
pas inconnus. Il en est question plus d'une fois
dans ses discussions avec Mélanchton. D'ailleurs,
Rottmann a prêché le rebaptême et la communauté
des biens quelques semaines avant l'arrivée des
prophètes hollandais. Quant à l'influence que ces
derniers ont su prendre plus tard sur Rottmann aussi
bien que sur Knipperdolling, elle a jalli du développement des faits mêmes. Si les chefs du peuple anabaptiste Rottmann et Knipperdolling se sont fait
tous deux les caudataires des prophètes étrangers, c'est qu'à mesure que la ville était serrée de
près et assiégée par les Catholiques et les Evangéliques coalisés, elle n'avait plus d'autre espoir
de salut que dans les secours des Anabaptistes hollandais, qui sur les prédications des émissaires en-

voyés par Mathiesen et Jean de Leyde, se préparaient et s'armaient pour dégager la ville. Et ce n'était ni un rêve ni une vaine illusion. On verra tout à l'heure que, simultanément avec la mort de Mathiesen, trente et un vaisseaux de transport remplis de recrues anabaptistes avaient réussi à quitter la Hollande et furent coulés bas, corps et biens, par le sieur Schenk de Teutebourg, stathouder des Pays-Bas, ligué avec l'Empereur. Nul pays n'a produit autant de martyrs anabaptistes que la Hollande du seizième siècle. Rottmann et Knipperdolling, loin donc d'avoir été des niais ou des hallucinés, comme le prétendent certains historiens des Anabaptistes, ont été des patriotes, subordonnant leur pouvoir et leur ambition au salut de leur patrie et de leurs coreligionnaires. C'est précisément parce que Mathiesen et Jean de Leyde étaient hollandais qu'ils ont joué le premier rôle dans la ville de Munster, après le triomphe des Anabaptistes sur les Evangéliques et les Catholiques réunis.

La majorité des historiens des Anabaptistes, n'ayant compris ni Rottmann, ni Knipperdolling, ni Mathiesen se sont également trompés sur le compte de Jean de Leyde.

JEAN BOCKELSON DE LEYDE

La biographie de Mathiesen n'offre rien de romanesque, à moins qu'on ne cite la beauté extraordinaire de Divara, sa femme. C'était un homme énergique et téméraire. Dans l'histoire de Munster la figure de son disciple éclipse de beaucoup celle du maître.

Jean Bockelson de Leyde était fils naturel de Bockel, maire à la Haye et de sa belle servante Adélaïde, née dans un village du diocèse de Munster et qu'il épousa plus tard. Jean était sinon le plus beau, du moins un des plus beaux hommes de son époque, haut de stature, bien fait, possédant une belle figure, des manières élégantes et parlant avec grâce et facilité (1).

Son père lui avait fait apprendre l'état de tailleur. Il n'avait pas fait d'études sérieuses, mais il

(1) Adolescens longæ ac decoræ staturæ, homo eleganti et mira forma, muliericulis propter elegantem corporis dispositionem, faciem formosam et jucundos sermones gratissimus et acceptissimus.

(HAMELMAN.)

avait tant lu, qu'à l'âge de vingt ans il possédait
assez sa langue maternelle pour y composer des
pièces de théâtre en prose et en vers. De sa mère il
avait appris le dialecte westphalien et comme il avait
passé quatre ans de sa première jeunesse en Angleterre, il parlait l'Anglais avec perfection. Il avait
même poussé jusqu'à Lisbonne. Jean avait fait jusqu'à trois voyages en Allemagne. Il avait visité les
villes de Lubeck, de Breme, d'Osnabruck, en partie
en qualité de commis voyageur, en partie en exer-
çant son état. Il avait été deux fois à Munster pour
y entendre prêcher Rottmann et quand il y arriva
pour la troisième fois il n'avait que vingt-cinq ans.
De retour en Hollande, il fonda à Leyde, grâce à sa
connaissance des langues allemande et anglaise, un
établissement international, moitié hôtellerie, moitié café-concert, à l'enseigne *des trois harengs,* où il
jouait lui-même dans des pièces composées par lui
avec la collaboration d'autres artistes, ses élèves,
devant un public auquel, dans les entr'actes, il servait et faisait servir sa bière et son vin. Il y épousa
une jeune et belle veuve de marin, qui jouait dans
ses pièces et dont il avait deux enfants.

Dans son interrogatoire après la prise de Munster,
quelques jours avant sa mort, il dit : qu'il était allé
à Munster pour entendre les courageux prédicateurs
qui s'y trouvaient. De là, ajouta-t-il « je me suis
» rendu à Osnabruck, d'où je fus expulsé pour
» avoir propagé les principes évangéliques de
» Munster. Après avoir été à Schœpingen, à Cœs-
» feld et de nouveau à Munster, je suis retourné
» à Leyde, où j'ai fait la connaissance de Jean Ma-
» thiesen, qui devint mon ami et mon maître.
» Mathiesen a logé pendant deux mois dans mon

» hôtel. Il est vrai que Hoffman avait dit que le
» temps n'était pas mûr pour baptiser, mais Mathie-
» sen croyait qu'il en était hautement temps.
» Mathiesen m'a rebaptisé et consacré prophète.
» Quittant alors l'hôtellerie, je me suis rendu avec
» Gérard tom Clauster à Briel et à Rotterdam.
» A Briel nous avons rebaptisé deux adeptes, à
» Rotterdam un seulement. De retour à Leyde, j'ai
» rebaptisé ma femme et mes enfants et huit autres
» personnes, puis nous sommes allés à Amsterdam
» et à Alkmar, où il y avait de nombreux prosélytes.
» De nouveau je suis retourné à Leyde faire mes
» adieux à ma famille pour rejoindre Mathiesen
» à Munster. »

Voilà les principaux traits biographiques, avant
son avènement à Munster, que j'ai pu recueillir sur
cet homme que les uns appellent un vil scélérat,
d'autres, un charlatan de premier ordre, d'autres, un
possédé du diable, d'autres encore, un crétin créti-
nisant d'autres crétins, un homme qui pendant dix-
huit mois a joué le premier rôle dans l'Empire germanique et qui, après s'être déclaré par la grâce de
Dieu : *Roi de la justice universelle,* a vu se liguer
contre lui toutes les puissances catholiques et évangéliques de l'Allemagne.

C'était un jeune homme ambitieux, voluptueux,
médiocre penseur, poussé plutôt par les évènements
que les poussant, mais aussi intelligent que hardi,
comédien au fond de l'âme et ne gouvernant que par
de grands coups de théâtre.

Trop jeune pour être versé dans la science de
l'homme, ne connaissant de l'histoire que les récits
de la Bible, dont les faits miraculeux s'était gravés
dans sa mémoire, il sut, comme toutes les médio-

crités, singer les défauts de ses héros modèles, sans pouvoir imiter leurs vertus. D'ailleurs, vif d'esprit, d'une adresse et d'une agilité extraordinaires, hardi jusqu'à la témérité et jouant toujours le tout pour le tout. A son avènement il n'y avait déjà plus guère d'espoir pour lui et ses partisans. Un miracle seul pouvait les sauver. Il croyait à ce miracle, y faisait croire les autres, et se maintenait au pouvoir, malgré trois émeutes à l'intérieur et deux assauts de l'extérieur, toujours par de véritables coups de théâtre, n'étant au fond que des vieilleries bibliques, mais qui paraissaient des nouveautés miraculeuses à une population convaincue, assiégée, affamée, n'ayant ni merci ni miséricorde à attendre d'un vainqueur sauvagement cruel et décidée à ne lui rendre qu'un tas de cadavres dans un monceau de cendres.

Ses deux amis Rottmann et Knipperdolling n'étaient nullement ses dupes. Ils le laissaient faire. De temps à autre ils jouèrent même les rôles de comparses dans ce drame lugubre. Knipperdolling seul se révolta à la fin quand il était trop tard. Que pouvaient-ils faire? Le renverser ! Cela leur eût été facile dès le commencement. Mais ils n'avaient d'autre espoir de salut que dans l'arrivée des bandes armées de la Hollande et du Friesland. L'Allemagne, sauf les villes du diocèse de Munster et une tentative platonique par deux villes anséatiques, les avait abandonnés, pieds et poings liés, à leurs cruels ennemis. Il ne leur restait, dès l'avènement de Jean de Leyde, que d'attendre ces secours et à défaut de ces secours, de se préparer à une mort certaine. Ce qu'ils firent bravement !

Jouant le rôle de David sans armée et sans génie,

s'enivrant d'une grandeur d'emprunt faite d'oripeaux et de concubines, Jean but largement à cette coupe de vertige et la jeta dédaigneusement sur ses ennemis. Ses actions, vers la fin, frisent la folie, mais c'était une folie voulue, un drame babylonien où le sang coule à l'égal du vin. On dirait les repas orgiaques d'un condamné à mort.

Une fois vaincu et livré à l'ennemi, ce roi de tréteaux, ce prétendu pantin couvert de pourpre et d'or, redevient comme par un coup de baguette, un homme convaincu et courageux, dépassant de cent coudées ses bourreaux et leur répondant avec calme et sérénité, les raillant même, et sauf quelques erreurs secondaires dont il fait bon marché, ne rétractant pas un iota, en présence de la torture et de l'échafaud, ni de ses principes ni de ses actes.

X

**LUTTES ENTRE LE CONSEIL ET LES ANABAPTISTES. —
FABRICIUS. — LE COUVENT DES DAMES NOBLES. —
HERMANN TYLBEK. — TRIOMPHE DES ANABAPTISTES.**

La prédication anabaptiste de Rottmann, six mois
après une victoire gagnée par dix années de luttes,
était un coup de foudre pour le conseil municipal et
la bourgeoisie de Munster. Elle releva au contraire
le courage abattu de l'évêque et du parti catholique.
Prières, menaces, rien ne put ébranler la volonté
de Rottmann. Le *Conseil* lui rappela, en vain, que le
Landgrave de Hesse et la Confédération de Schmalkade ne lui avaient assuré la liberté de prêcher, qu'à
condition de s'abstenir de toute propagande sacra-
mentaire et anabaptiste. Rottmann répondit qu'il
ne connaissait que la voix de Dieu et la vérité,
advienne du reste que pourra. Au fond il se savait
assuré de la coopération active de toutes les popu-
lations westphaliennes du diocèse de Munster. Les
émissaires de la Hollande, du Brabant et du
Friesland promettaient à leur tour une armée
d'auxiliaires forte de plus de dix mille combattants.
Le *Conseil* défendit à Rottmann de prêcher. Il fut

question de l'arrêter, mais on n'osa pas, de peur d'un mouvement populaire. Rottmann, à son tour, ne se laissa pas intimider. Il prêchait la nuit dans certaines maisons et l'on se battait pour y entrer. Le *Conseil* écrivit au Landgrave. Celui-ci envoya à la ville deux prédicateurs évangéliques, dont l'un, nommé Fabricius, était célèbre par son éloquence nerveuse et tumultueuse. Fabricius fut nommé prédicateur de l'église Saint-Lambert, où du haut de la chaire, il lançait tous les dimanches ses foudres oratoires contre les Anabaptistes, surtout contre Rottmann, en les appelant : fils du diable, fauteurs de troubles et gibiers de potence. Un jour, Rottmann présent au prêche, étant injurié personnellement, éclata lui-même en injures contre l'agresseur, et les deux champions ne s'en seraient pas tenus aux paroles, sans l'intervention des assistants. Brixius, beau-frère et ancien disciple de Rottmann, s'associant à Fabriz, (tel était son nom populaire), prêcha également contre les Anabaptistes, ainsi que les signataires de son ancienne profession de foi, Glandorp, Westermann et Wertheim. Les Rottmaniens, à leur tour, furent renforcés par des prédicateurs sortis du peuple, parmi lesquels Schroeder, Buscher et plusieurs femmes, dont une jeune fille très-belle nommé Berge. Les adhérents les plus chaleureux de Rottmann se trouvaient dans les couvents. Kerstenbrok, dans sa naïve superstition, raconte bravement que Rottmann possédait un poison subtil et mystique avec lequel il affolait les âmes des vierges candides. Quelques lignes plus loin, se réfutant involontairement lui-même, il raconte ce qui suit :

« Rottmann s'était rendu dans le couvent des

» dames nobles, à Überwasser, pour engager les
» religieuses à briser les chaînes de *cette maison de*
» *force de la virginité*, et à suivre le commande-
» ment de Dieu, de fructifier et de se multiplier.

» A l'exception de trois, Ida de Merfeld, Ludgera
» de Lintélon et Sophie de Langen, toutes acceptè-
» rent avec joie et quittèrent le couvent, pour se
» loger dans des maisons bourgeoises, brûlant d'en-
» vie d'obéir au susdit commandement de Dieu.

» Elles emportèrent tous leurs biens, et quand
» leurs parents vinrent pour les ramener chez eux,
» elles refusèrent, à l'exception d'un très-petit
» nombre, en leur disant : « Parents sans entrailles,
» c'est pour vous débarrasser de nous, que vous
» nous avez mises dans cette maison de détention,
» car si cela eût été pour notre salut et pour le
» salut de la religion, pourquoi nos mères n'y sont-
» elles pas allées ? »

Quant à la communauté des biens, ajoute l'historien Hast, les religieuses vivaient en commun
sans maris. Il n'y avait pour chacune d'elles qu'un
mari de plus.

Quelques-unes de ces nonnes, dans leur première
ardeur de néophytes, s'attachèrent des sonnettes à
leurs ceintures et parcoururent la ville en criant :
« Faites pénitence, le règne du Christ est proche ! »

Fabricius et ses collègues, ayant rédigé une nouvelle profession de foi luthérienne, l'évêque, en-
hardi par la défection de Rottmann, ne la reconnut
pas, malgré le traité de paix, et demanda qu'elle
fût suspendue jusqu'à la convocation de la Diète
impériale. Le *Conseil*, à son tour, défendit au moine
Mumpert de prêcher dans le dôme, et rendit en
même temps un décret d'expulsion contre Rott-

mann. Une visite domiciliaire eut lieu dans sa maison. On y saisit une presse. Rottmann fit un cadeau au sergent de la police et prononça les paroles suivantes :

« Je ne crains rien et n'ai besoin d'aucune protec-
» tion humaine, pourvu que Dieu me protège, moi
» et les miens. Si le père céleste me couvre de ses
» ailes, l'exil pour moi ne sera qu'un mot vide.

» Nulle menace humaine, nulle peine, si dure
» soit-elle, ne m'empêcheront de prêcher la parole
» de Dieu, selon ma conscience. Avant d'obéir aux
» hommes et à leurs intérêts, il faut obéir à Dieu. »

Il est certain que si le magistrat avait donné suite à ses résolutions, c'eût été fini à Munster des Anabaptistes, poursuivis par les Catholiques et haïs par les Luthériens. Dans ce moment, il leur vint un secours inespéré.

Un des bourgmestres, le patricien Hermann Tylbek, était en secret gagné par les Anabaptistes. Son influence s'exerçait d'abord sous main pour neutraliser toute résolution énergique du *Conseil*. Bientôt, au moment le plus critique, Tylbek jeta le masque, et dès ce jour, la ville tomba au pouvoir des Anabaptistes.

Nous sommes au mois de décembre 1533. Le peuple, à la nouvelle de l'expulsion de Rottmann, s'attroupa et s'ameuta. Le magistrat fit arrêter les perturbateurs, parmi lesquels le prédicateur Schroeder, ci-devant forgeron. A cette nouvelle, toute la corporation des forgerons et des maréchaux ferrants se rendit en masse à l'Hôtel-de-Ville. Il y eut des pourparlers. Le peuple promit à Tylbek d'être sage et Schroeder fut mis en liberté.

Des scènes de révolte eurent en même temps lieu

à Coest, à Osnabruck, à Warrendorf, dans toutes les petites villes de la Westphalie.

L'évêque qui, sur la demande du *Conseil*, lors du décret d'expulsion contre Rottmann, avait dónné un sauf-conduit aux prédicateurs exilés, le retira et déclara hors la loi, pouvant être mis à mort sans jugement, non-seulement les prédicateurs Bernhard Rottmann, Henri Rolle, Jean Klopris, Hermann Strapadius, Dionys Vinius et Gottfried Strahl, mais tous leurs fauteurs et protecteurs.

Le 28 janvier 1534, les Anabaptistes, après avoir barricadé plusieurs rues, se réunirent armés chez Knipperdolling, pour discuter la grave question de savoir si le temps était venu pour une levée de boucliers générale. Mathiesen et Jean Bockelson assistèrent à cette réunion. Faut-il déclarer la guerre aux païens catholiques et luthériens? La moisson est-elle mûre? La grange peut-elle être balayée?

Voilà les questions agitées. Plusieurs d'entre eux opinèrent pour une prise d'armes. Ils avaient des intelligences dans toutes les villes du diocèse ; l'armée de la ville était en partie gagnée, et dans le *Conseil* même, il y avait Tylbek et deux autres des leurs ; mais Mathiesen était d'avis qu'il fallait attendre ; ses auxiliaires de la Hollande ne pouvaient être arrivés à Hasselt, lieu du rendez-vous, avant le 18 ou le 20 mars, et ils étaient au nombre de vingt mille, dont la moitié armés.

» Le 18 mars, en effet, dit Kerstenbrok, un grand nombre d'Anabaptistes hollandais, après s'être emparés de la ville d'Utrecht, s'embarquèrent sur le Zydersée pour Overyssel, et pour débarquer à Zwoll, non loin du cloître, dit *la Montagne*, pour de là se rendre à marches forcées à Hassell, lieu du rendez-vous, non loin de Munster. »

L'avis de Mathiesen prévalut. De nouveaux émissaires furent envoyés en Brabant. Rolle et Strapadius étaient du nombre ; mais ils furent saisis et brûlés par la main du bourreau.

Le magistrat, instruit de la réunion chez Knipperdolling, convoqua le 30 janvier le *Conseil,* tous les chefs des *Guildes* et tous les chefs des quartiers, pour délibérer sur les mesures à prendre contre le danger imminent d'une révolution. Que s'est-il passé dans cette assemblée ? Il est probable que de Wyck ou Tylbek, craignant le triomphe de l'évêque, persuada au *Conseil* qu'il valait encore mieux user d'indulgence envers les Anabaptistes, que de jouer le jeu de l'évêque, ne reconnaissant pas plus les Evangéliques que les Sacramentaires ; que le mieux serait de vivre en paix et de laisser à chacun la liberté de conscience pleine et entière.

Le *Conseil,* cédant à ces suggestions, proclama un édit, disant que chacun était libre de professer n'importe quelle religion, pourvu qu'elle ne fût pas de nature à troubler la paix publique.

L'évêque, à son tour, convoqua une Diète à Wollbek, et invita la ville à y envoyer des délégués. Mais la ville, ayant nommé pour délégués le bourgmestre Judenfeld, le syndic de Wyck, Redeker, l'ami de Knipperdolling et Tilan, appelé le Cyclope, parce que, bien que borgne, il était le meilleur tireur d'arquebuse de la ville, la Diète les récusa. De ce jour, les évènements se précipitent coup sur coup. Les Anabaptistes, hommes et femmes, parcoururent la ville en criant : « Faites pénitence, le jour du

Seigneur est proche. » D'aucuns d'entre eux tombèrent en convulsions et prophétisèrent.

La nuit du 8 février, les Anabaptistes, s'emparant par surprise de plusieurs portes de la ville et de l'Hôtel de ville, se barricadèrent dans le marché, où ils avaient amené des canons chargés.

Le *Conseil*, voyant que le parti populaire, loin de profiter de son indulgence, lui déclarait la guerre pour le renverser, comptant peu sur ses mercenaires armés, envoya un exprès à l'évêque pour le prier d'intervenir. Il envoya en même temps des émissaires à tous les *Conseils* des villes westphaliennes, en les invitant à lui envoyer tous les paysans catholiques et évangéliques armés dont ils pourraient disposer.

L'évêque, dans une lettre adressée au bourgmestre, répondit qu'à minuit quatre-vingts cavaliers armés se présenteraient à la porte de la ville, qu'il espérait que cette porte leur serait ouverte, pour qu'il n'eût pas l'air d'avoir fait violence à la ville. Quant aux campagnards, comptant faire un large butin, ils se réunirent en grand nombre pour envahir Munster.

Mais la missive de l'évêque ayant été adressée au premier bourgmestre, qui n'était autre que Tylbek, celui-ci la supprima et la mit dans sa poche.

Les citoyens de la ville, tous armés, se partagèrent en deux camps. Jean Wesling et Wintercamp se mirent à la tête des partisans du *Conseil*. Tilan, Knipperdolling et Rottman étaient à la tête des Anabaptistes. Les Conservateurs, suivis d'un grand nombre de jeunes gens armés, parmi lesquels était notre chroniqueur Kerstenbrok, qui alors n'avait que dix-huit ans, se dirigèrent vers le marché pour enlever les canons. Il y eut une panique mutuelle. Les conservateurs, doubles en nombre, se croyaient sûrs de la victoire.

De part et d'autre, on resta toute la nuit sous les armes, sans rien faire. Le signe de ralliement des Conservateurs était une guirlande de paille dans l'arquebuse. De là le sobriquet d'*hommes de paille*. Le mot de passe des Anabaptistes était *Père*, celui des bourgeois *Christ*. Fabricius et Brixius haranguèrent les partisans du *Conseil*. Rottmann et Mathiesen les Anabaptistes.

Les conservateurs, comptant sur les hommes de l'évêque et des campagnes, restèrent sur la défensive. Vers le matin, les Anabaptistes, voyant la ville entière armée contre eux et ayant reçu un avis secret de Tylbek, envoyèrent des parlementaires. Ces envoyés disaient que les Anabaptistes n'avaient pris les armes que pour se défendre contre l'évèque, qu'ils savaient averti et prêt à intervenir, qu'ils n'en voulaient ni au *Conseil*, ni aux Luthériens, que chacun devait être libre dans sa foi et qu'une guerre civile entre les habitants de la ville leur paraissait une guerre fratricide, qui ne pouvait profiter qu'aux ennemis de toute liberté : les papistes.

Hermann Tylbek, prenant alors la parole, dit que tout cela lui paraissait assez raisonnable, que le *Conseil* ferait bien de se rappeler la fable de Phèdre : des grenouilles appelant des cigognes à leur secours et des pigeons faisant alliance avec les hérons. Le second bourgmestre, voyant que l'évêque, sur lequel il comptait, n'avait même pas daigné faire une réponse, se prononça pour l'avis de Tylbek, et pour la seconde fois le *Conseil* et le

Peuple, faisant la paix, se donnèrent mutuellement des baisers de Judas.

Quant aux cavaliers de l'évêque, trouvant la porte fermée, ils crurent à un guet-apens et tournèrent bride. Les paysans, mécontents de ne pouvoir piller, s'enivrèrent pendant trois jours dans les cabarets, aux frais de la ville.

Kerstenbrok dit que l'évêque, en apprenant cette nouvelle reculade, faillit mourir de chagrin.

Il y eut une nouvelle émigration, bien plus considérable que la première. Le 10 du même mois, Hermann Tylbek, jetant le masque, se fit rebaptiser par Rottmann, lui et toute sa famille. Le second bourgmestre, deux tiers des membres du Conseil, ainsi que la grande majorité des bourgeois, quittèrent la ville, qui dès lors était au pouvoir des Anabaptistes.

XI

ÉMIGRATIONS ET IMMIGRATIONS.

Pour remplacer les vides que venaient de faire les émigrés, Bernhard Rottmann envoya une circulaire à tous ses adhérents dans les environs, disant: « que Dieu le père lui avait envoyé plusieurs pro- » phètes étrangers, qui, saints et craignant Dieu, » enseignent la loi de Dieu avec grande élo- » quence, pure et sans aucune addition ni inter- » prétation humaine. Ces prophètes espèrent être » suivis d'un grand nombre de leurs adeptes (il ne » disait pas qu'ils étaient en route, de peur de les » trahir). Si donc, ajouta-t-il, vous tenez à votre sa- » lut, quittez au plus tôt les lieux que vous habitez, » quittez, s'il le faut, parents, femmes et enfants, » emportez seulement avec vous votre or et votre » argent portatif et venez ici dans la *Nouvelle Jéru-* » *salem*. Nous y élèverons le vrai temple de Salo- » mon, avec un service divin pur, selon la parole de » Dieu, sans aucune idolâtrie ni superchérie hu- » maine. *Tous nos biens seront en commun. Nous ne* » *formerons qu'une seule Commune régénérée, qu'une* » *seule fraternité humaine et divine.* »

La foule qui affluait à la ville, dit Kerstenbrok, était extraordinaire. Au bout de huit jours, le nombre des immigrés de tout âge et de tout sexe, venant des villes d'Osnabruck, de Soest, de Hamm, de Wesel, de Coesfeld, de Warrendorf, d'Aalen, de Dulmen et de Schoepingen dépassaient plus de trois fois celui des émigrés.

« Des femmes, veuves ou vierges, les unes aban-
» donnant leurs maris, les autres leurs pères et mè-
» res, des hommes de tous les pays, de la Hollande,
» du Friesland et du Brabant arrivèrent en foule à
» la ville. Bon nombre de ces imigrés étaient sans
» fortune, d'autres n'avaient pour tout gagne pain
» qu'un état manuel ; mais parmi eux, se trouvaient
» un certain nombre d'hommes riches et considérés.
» Henri Krechting, comte de Schoepingen, arriva
» accompagné de plusieurs familles de bourgeois
» aisés (1). Hermann Regevare, prédicateur à War-
» rendorf, amena toute une bande de ses auditeurs
» et adorateurs. De même, Bernhard Krechting,
» prédicateur à Gildehause. Pierre Schivering de
» Coesfeld, le bourgeois le plus riche de la ville,
» amena sa femme et deux jeunes filles. Verner de
» Scheifort, un gentilhomme. Jeanne de Recke,
» femme du seigneur de Drensteinfurt. Elle avait
» quitté son mari et non-seulement se fit rebaptiser,
» elle et ses deux filles, mais elle amena sa fille ca-
» dette, une belle vierge de seize ans, fiancée au
» chevalier Conrad de Doerle, et qui devint une ana-
» baptiste zélée. »

La belle-mère de Knipperdolling, riche patri-

____

(1) C'est le même qui a été exécuté avec Jean de Leyde et Knipperdolling.

cienne, se fit également rebaptiser et abandonna toute sa fortune à la communauté.

Il y eut de nouvelles élections. Knipperdolling et Knippenbrok, tous deux drapiers, furent élus bourgmestres. Tylbek fut oublié, il n'était pas de la veille. La ville, grâce aux émigrés, était entièrement au pouvoir des Anabaptistes et parmi ces derniers, Mathiesen, bien que s'effaçant encore, jouait le premier rôle, car de tous côtés les ennemis se réunissaient et se liguaient contre la ville. L'archevêque de Cologne, le duc de Clève, le comte de Lippe et même le Landgrave de Hesse envoyèrent à l'évêque des hommes, des canons, de la poudre, des vivres et des subsides.

Fabricius qui s'était échappé, déguisé en femme, s'en alla à Warrendorf. Plus tard il fut nommé surintendant à Zerbit. Glandorpe se réfugia à Marbourg. Langerman, Wirtheim et Brixius quittèrent également la ville sans tomber dans les mains de l'évêque. Seul le syndic Jean de Wyck, en quittant la ville, fut pris par les gens de l'évêque, envoyé sur l'ordre de ce dernier, sous bonne escorte à Vastenau et confié à la garde du seigneur Eberard de Morrien.

ASSASSINAT DU SYNDIC DE WYCK.

De Wyck était le premier jurisconsulte du seizième siècle. Il avait défendu Reuchlin à Rome contre le dénonciateur Hochstraten de Cologne. Il avait fait entrer la ville de Munster dans la Confédération de Schmalkade dont il était l'âme. Le seigneur de Morrien, son gardien, dévoué corps et âme à l'évêque, le traitait comme un prisonnier de marque et l'admit à sa table. Il jouait avec lui aux dames, quand arriva un cavalier couvert d'un long et large manteau et porteur d'une lettre munie du sceau épiscopal, adressée par l'évêque à son féal serviteur de Morrien. Morrien, demandant excuse à son partner, brisa le cachet de la lettre, la lut et devint pâle comme un cadavre. Qu'avez-vous? lui demanda de Wyck. Quelle est donc cette mauvaise nouvelle à vous faire pâlir de la sorte? Morrien tendit, sans mot dire, la lettre à de Wyck. C'était un ordre de l'évêque de faire décapiter le syndic et de le faire passer de vie à trépas, un quart-d'heure après la réception de la lettre. De Wyck, pétrifié, ne put d'abord proférer une parole. Puis, reprenant ses sens,

il protesta énergiquement contre un meurtre pareil.
« C'est un assassinat, cria-t-il. Qu'on me donne des
juges au moins ! Tous mes agissements contre l'é-
vêque sont légaux, et couverts par un traité de paix
formel. Nous ne sommes pas en Turquie ! » Pour
toute réponse, le messager ouvrit son large manteau,
sous lequel il portait son costume de bourreau, et
tenant une hache à la main : Je suis accompagné,
dit-il, de dix cavaliers et d'un prêtre. Puis, tirant sa
montre, il ajouta : Vous n'avez plus que dix minutes
à vivre. De Wyck refusa le prêtre et accabla l'évêque
d'injures et de malédictions. Un instant, il fit mine
de résister par la force, mais de Morrien lui dit dou-
cement qu'il ne lui restait que le temps d'écrire à sa
femme. Dans ce moment la porte du salon s'ouvrit
sur le vestibule, où les gens amenés par le bourreau,
venaient de préparer une poutre en guise de billot.
De Wyck prononça hautement ces paroles : « Que
mon sang retombe sur mon meurtrier » et marcha
d'un pas rapide vers le vestibule suivi du bourreau.
Une minute après il avait vécu. Son sang rejaillit
jusqu'au plafond. Sa femme, qui était enceinte, n'apprit que dix mois plus tard la mort terrible de son
malheureux mari.

Au premier moment l'évêque et son parti se van-
tèrent publiquement de cette justice expéditive
contre un homme qu'ils appelaient l'ennemi le plus
puissant de l'église catholique. L'évêque s'attendait
à recevoir des félicitations de tous ses alliés à ce
sujet. Mais à mesure que la vérité se faisait jour,
l'opinion publique éclata avec tant de véhémence
contre ce procédé de cannibale, que l'évêque lui-
même, pris de scrupules et de remords, demanda
publiquement pardon à Dieu de ce crime inouï.

Kerstenbrok, seul parmi les historiens de cette époque, se bat les flancs pour disculper l'évêque. « Cet acte, dit-il à la fin de son plaidoyer, vient à l'appui de *Thilo*, disant que la meilleure République était celle qui écoute les lois plutôt que des avocats. » Corvin assure que l'évêque qui n'était pas un fanatique, avait tant de remords que, pendant sa longue maladie, il finit par nier le fait, disant que de Wyck était mort d'apoplexie. Sur son lit de mort il disait qu'il avait les mains liées, que l'ordre était venu de plus haut, que depuis longtemps le syndic était voué à la mort.

En tout cas, ce crime a fait changer le nom du criminel. La plupart des historiens allemands pour le nommer, l'appellent tantôt l'évêque François de Munster, tantôt tout court : « *le meurtrier du Syndic.* »

XIII

RÉACTION DANS LA VILLE. — EXPULSION DE TOUS LES HABITANTS NON BAPTISÉS. — TRAITÉ DES AS-SIÉGEANTS. — DISCOURS DE KNIPPERDOLLING.

La nouvelle de l'assassinat du syndic, bien qu'il fût un adversaire des Anabaptistes, produisit une réaction violente dans la ville de Munster. Le peuple envahit toutes les églises qui furent vidées. Tous les autels, toutes les images furent brûlés. L'église Saint-Maurice et le couvent du même nom, pouvant servir de refuge aux assiégeants, furent rasés. Mathiesen, dans une réunion, proposa de massacrer tous les catholiques restés dans la ville. Mais Knipperdolling s'opposa à cette vengeance aussi folle que criminelle, en disant : « Nous avons déjà assez d'ennemis sur le dos. Il suffit de les expulser ! »

Le 27 février, par un froid violent et sous une bourrasque de neige, les Anabaptistes armés, Mathiesen en tête, parcoururent la ville en criant : » Sortez de la ville, vous qui ne voulez pas faire » pénitence. Le glaive de la vengeance est suspendu » sur vos têtes ; il faut que la grange soit balayée !

» Plus de païens ! Plus d'impurs dans la ville des
» saints ! Quittez la Nouvelle Jérusalem qui doit être
» le séjour des vrais Israélites, des vrais enfants
» de Dieu ! »

Plus de deux mille personnes de tout sexe furent
expulsés dans cette journée. Il ne leur fut permis
d'emporter quoi que ce fût, excepté leurs enfants
et quelques maigres ustensiles de ménage. Et
quand ces malheureux demandaient ce qu'il fallait
faire pour rester, on leur répondait : « Allez à
l'Hôtel de ville et faites-vous rebaptiser par Rottman. » Kerstenbrok, après avoir grandement défendu
l'évêque pour avoir fait assassiner le syndic qu'il
appelle *Rabuliste*, c'est-à-dire *chicaneur*, s'apitoie
lamentablement sur le sort de ces expulsés dont il
faisait partie, et sur la froide cruauté des Anabaptistes. C'est ainsi que dans certains partis on écrit
l'histoire.

Dans la même semaine, un traité fut conclu entre
les coalisés, formant les corps des assiégeants.
L'évêque et les princes avaient réuni à peu près
un millier de soudards, dont les chefs principaux
étaient le chevalier de Buren, le même seigneur de
Morrien qui a joué un rôle dans l'assassinat du
syndic, le chevalier de Megersheim et Jean de
Kæsfeld. Un autre chef, nommé Munster, passa
dans le camp des Anabaptistes.

Voici deux clauses de ce singulier traité relaté tout
au long par l'ami Kerstenbrok :

Article troisième. — « L'évêque ne paiera pas une
» solde particulière aux soldats, mais il leur per-
» mettra de piller la ville à l'exception de l'Hôtel de
» Ville qu'il se réserve pour lui. »

Article cinquième. — « L'évêque se réserve la moitié du butin. »

Tout cela au nom de la Sainte-Trinité et pour la défense de la religion d'amour du Christ.

Le 1ᵉʳ mars, la ville était entièrement bloquée et assiégée.

Mathiesen attendait ses auxiliaires le 24 du mois. Ce jour-là, dans une grande sortie, les Anabaptistes comptaient joindre leurs amis à Hasselt. Tous les campagnards des villages environnants étaient dévoués à la ville et lui servaient gratuitement d'espions.

Knipperdolling réunit le peuple armé dans le marché pour le préparer à cette sortie.

Après avoir tracé un parallèle entre la religion d'erreurs et de superstitions des Catholiques et des Luthériens et la foi pure et simple des Anabaptistes, libre de toute addition et de superfétation humaine ; après avoir parlé de la désunion forcée des assiégeants et de l'union des âmes des assiégés, n'ayant tous qu'un seul Dieu, qu'une seule loi, qu'un seul cœur et qu'une seule bourse ; après avoir énuméré les moyens de défense de la ville, largement approvisionnée, pourvue de soldats, de canons, de poudre, de flèches et d'armes de toute sorte, il s'écrie :

« Comparez Dieu le père avec le pape ou avec
» Luther, le pape des Evangéliques ; comparez le
» Christ avec l'évêque pansu — (allusion à l'évêque
» très-obèse de Munster), comparez les soldats,
» munis du signe de l'alliance universelle, avec la
» milice des tondus, avec la tourbe d'hommes dévi-
» rilisés par la débauche ; comparez enfin la parole
» de Dieu avec les édictements des hommes et vous
» jugerez vous-même de quel côté sera la victoire.

» Ici l'on trouve : humilité et modestie. Là, rien que
» gaillardise et vanterie! Ici, la vraie foi, là-bas rien
» que fourberie et supercherie! Ici la piété, là des
» mômeries. Ici règnent la sobriété et la tempérance,
» là-bas il n'y a qu'orgies et lascivités! Que nous
» reste-t-il pour être vainqueurs, nous pour qui le
» *Père* combattra? *Il ne nous reste que de nous*
» *battre!* »

« Combien de temps l'évêque supportera-t-il les
» frais immenses de la guerre, lui, qui est si besoi-
» gneux et qui ne vit que d'emprunts et d'expé-
» dients? Lui, qui dès le début de la lutte contre la
» ville, s'est vu forcé d'engager tous les châteaux du
» diocèse et de dépouiller les églises de leurs vases
» d'or et d'argent pour en faire de l'argent
» monnayé!? Des princes étrangers seront-ils assez
» fous pour prendre les armes en faveur d'un si
» misérable sire? Lui prêteront-ils des capitaux,
» que d'avance ils savent perdus? Avec quelle
» vaillance combattra un soldat mercenaire, qui ne
» se bat pas pour sa religion, mais uniquement dans
» l'espoir de faire du butin! Ne s'en ira-t-il pas dès
» que la caisse de guerre sera à sec et ce ne sera
» pas long à venir. A part cela, sachez que les
» Hollandais et les Frisons s'arment pour venir à
» notre secours! Que les gens de Leyde, ainsi que
» ceux du Brabant, sont déjà en route. Ainsi donc il
» ne nous reste que de nous défendre comme des
» hommes, en attendant que d'autres frères viennent
» nous secourir. D'ailleurs, n'oubliez pas qu'être
» vaincus ce n'est pas seulement la mort pour vous
» et vos femmes, mais l'esclavage pour vos enfants.
» Quant à nous, aussi longtemps qu'une goutte de
» sang coulera dans nos veines, aussi longtemps

» que nos bras pourront porter un mousquet, une
» lance ou une flêche, vous nous verrez le premier
» au combat. Courage donc et confiance au nom du
» père et de son peuple élu, et de la nouvelle com-
» mune régénérée d'Israël! »

On le voit! Les Anabaptistes faisaient encore d'autres discours que des prophéties visionnaires.

COUP D'ÉTAT DE MATHIESEN. — PRISE ET DÉFAITE DES
AUXILIAIRES. — SORTIE ET MORT DE MATHIESEN.

On a vu l'allusion de Knipperdolling aux Frisons
et aux Brabançons. Là est la cause du grand pouvoir de Mathiesen. C'est lui, en effet, qui nomma les
chefs des différents départements de la guerre et de
la finance. Il nomma également les distributeurs
des rations puisées dans les biens communaux.

Aussi le pouvoir de Mathiesen ne s'établit-il pas
sans protestation et sans effusion de sang.

Le jour de la publication des noms de ces chefs,
Hubert Ruscher, un des chefs des *Guildes*, s'adressant au peuple, s'écria :

« N'est-ce pas une folie, n'est-ce pas une honte
» qu'un homme pareil, sans science et sans talent,
» se dise prophète, et qu'un étranger, ne connaissant
» ni les mœurs ni les usages de la ville, notre patrie,
» soit chef du pouvoir et nous impose ses hommes
» et ses créatures ? Sommes-nous des fous ou des
» enfants pour nous laisser gouverner par un fourbe
» et par un menteur ! »

Mathiesen fit saisir Ruscher et le fit garder à vue

par ses gens. Hermann Tylbek et Henri Redeker intervinrent en faveur de Ruscher et furent arrêtés eux-mêmes.

Mathiesen sentit qu'il fallait relever son pouvoir par un grand coup. Il fit traîner Ruscher garotté au marché. Pendant que ce malheureux se voyant abandonné, demandait pardon en se jetant aux pieds de Mathiesen, Bockelson, que dorénavant nous appellerons Jean de Leyde, se prosterna à terre, eut une vision, probablement concertée avec son ami et maître, et se leva en s'écriant : Le Seigneur m'inspire et me dit qu'il faut que ce Hubert meure comme un criminel qu'il est. Dans le même moment, Mathiesen perça le malheureux Hubert d'un coup de hallebarde et l'acheva d'un coup de pistolet.

Tylbek et Redeker furent mis en liberté. Rottmann et Knipperdolling ne protestèrent pas. Ils avaient besoin de Mathiesen, et le peuple effrayé se tint coi.

Dans cette même semaine, Schenk de Leutenbourg fit couler cinq des vaisseaux chargés d'Anabaptistes à Wollenhoe, et sur l'avis de son espion Iselmund, qu'il y en avait encore *seize mille* d'embarqués sur vingt et un autres vaisseaux, Schenk leur fit la chasse, les atteignit presque au port où ils devaien débarquer, fit couler toutes les barques et fit saisir tous ceux qui s'étaient sauvés. Tous, même les enfants, furent les uns noyés, les autres brûlés.

Mathiesen avait-il appris cette triste nouvelle avant sa sortie, fixée au premier jour de Pâques ?

Nul historien n'en fait la moindre mention.

Mais il est de fait que cette sortie eut lieu sans la coopération des chefs de la ville, qui n'eussent pas abandonné Mathiesen s'il se fût agi d'aller au devant de nouveaux frères. Ils ont dû être au fait de la capture des vaisseaux, ainsi que Mathiesen lui-même, qui sentant son pouvoir ébranlé par le meurtre de Ruscher, espéra ou se relever par une victoire éclatante, ou finir sa carrière par une mort héroïque.

Suivi seulement d'une centaine de combattants, il passa la Ludgerthor le premier jour de Pâques, s'avança tout seul vers les assiégeants et les défia, comme jadis Samson les Philistins, en leur prédisant leur défaite certaine. L'ennemi, stupéfait de tant d'audace, et le croyant suivi d'une armée, ne répondit d'abord pas à ce défi ; mais un des chefs l'ayant reconnu et voyant que les gens armés de Mathiesen se tenaient plus près de la porte de la ville que de leur chef, courut sur lui et le perça d'un coup de lance. Les Anabaptistes prirent la fuite, et le corps de Mathiesen fut littéralement mis en pièces par les lansquenets de l'évêque. Il ne fut point enterré.

XV

JEAN DE LEYDE DICTATEUR ET PROPHÈTE. — KNIPPER-
DOLLING TENEUR DE GLAIVE. — LES ANCIENS. —
NOUVEAU CODE. — NOUVELLE ORGANISATION. — UNE
SORTIE VICTORIEUSE. — UN ASSAUT REPOUSSÉ.

Mathiesen mort, il fallut un dictateur pour maintenir une discipline sévère parmi les assiégés, car
Mathiesen n'était tombé dans les mains de l'ennemi que parce que ses soldats l'avaient abandonné. Il ne fallait pas non plus que le peuple de
Munster apprît la défaite des auxiliaires hollandais.
Trois hommes, Rottmann, Knipperdolling et Jean
de Leyde, étaient les chefs reconnus de la ville.
Rottmann refusa tout commandement autre que
l'influence de sa parole. Il fallait un homme de
guerre et non un orateur. Knipperdolling était né
à Munster, et ce fut le cas de lui appliquer le dicton :
« Nul n'est prophète dans son pays. » Il était d'ailleurs laid et pas assez souple de manières et de paroles pour plaire généralement. Jean, au contraire,
était jeune et beau. Sa mère était une fille du diocèse
de Munster. Jusqu'à ce jour, il avait réussi dans
toutes ses entreprises. L'enfant de l'amour paraissait

être un favori de la fortune. Il maniait les armes avec adresse et facilité. A un caractère énergique il alliait des manières polies et insinuantes. Outre qu'on ne voulait pas apprendre au peuple la défaite des Hollandais, Jean, initié par Mathiesen, ayant parcouru avec lui la Hollande, connaissait les chefs anabaptistes chargés d'envoyer des secours en hommes et en argent. Jean parlait et écrivait le hollandais et l'anglais. Il pouvait leur envoyer de nouvelles missives dans leur langue marternelle, ainsi que de nouveaux émissaires pour recruter une nouvelle armée. Jean fut donc nommé dictateur sous le nom de *Prophète*. Knipperdolling lui-même déclara à la face du peuple, que le Père lui avait parlé, lui ordonnant de nommer *Jean Prophète et chef absolu de la Nouvelle Jérusalem*.

Le peuple, reconnaissant ce choix, tomba à ses pieds et l'appela *Le Père*.

Jean, soit pour récompenser Knipperdolling, soit plutôt pour l'humilier, afin de prouver, que loin d'être son chargé de pouvoir, il était, lui-même, le véritable chef de la ville, lui présenta un glaive en disant. « Je te nomme chef de la justice universelle et te défère le pouvoir absolu sur les biens et la vie de chacun, selon la parole de Dieu. *Tu seras mon teneur de glaive* » (Schwerdtführer). Par ces mots Jean nomma Knipperdolling, non seulement juge suprême de la ville, mais encore bourreau en chef. Knipperdolling, faisant contre fortune bon cœur, accepta le glaive et s'adjoignit quatre valets sous le nom de trabants.

Le 11 avril 1534, Knipperdolling, disant que d'après une inspiration du ciel, ce qui est superbe devait être humilié, fit démolir toutes les tours des églises, afin d'empêcher les signaux avec l'ennemi et les fit charger de canons : Jean à son tour nomma douze *Anciens du peuple*, parmi lesquels figure en tête l'ancien bourgmestre Tylbek, négligé par Mathiesen. *Les Douze* étaient chargés de rédiger un nouveau Code. Le point culminant de cette nouvelle Loi est conçu dans l'article disant :

« *Attendu que l'autorité est instituée par Dieu,*
» *pour le salut des hommes par les œuvres, tout frère,*
» *sous peine de mort, doit obéissance absolue au*
» *Prophète et à ses Juges.* »

Dans ce Code, l'adultère, la sodomie, l'inceste, la fornication, l'approche d'une femme pendant sa période d'impureté sont qualifiés crimes, encourant la peine de mort.

« Le peuple des chrétiens régénérés doit être un
» peuple de saints et s'appeler *les Nouveaux Israéli-*
» *tes.* »

L'avarice, l'envie, la convoitise, la calomnie, le jeu, l'ivrognerie y sont qualifiés de délit, encourant l'exil et dans certains cas la mort.

Les *Anciens* se partageaient les travaux, la surveillance, les commandements, les uns dans les départements de la guerre et des finances, les autres dans la manutention des subsistances et des vêtements. Il y avait des chefs de cuisine et de table. Nul n'avait le droit de demander un autre mets que celui servi à la table commune, mais chacun s'habillait comme bon lui semblait. Les repas communs se faisaient dans un profond silence, interrompu seulement par la lecture de quelques versets de l'Ecriture. Les soldats avaient une table à part avec les femmes, car bon nombre de femmes s'exerçaient dans l'art de la guerre, et plus d'une fois on leur dut la victoire. Tout était organisé comme dans une seule et grande maison. Les bouchers, les boulangers, les cuisiniers, tous les ouvriers des corps d'état étaient proposés par les *Anciens* et nommés par le *Prophète*.

Tous les litiges, toutes les dissidences, toutes les querelles entre les frères et les corps d'état étaient rapportés à Knipperdolling qui avait charge de les arranger et d'en référer seulement au Prophète, quand il y avait jugement capital. Knipperdolling avait droit de vie et de mort sur tout étranger qui se présentait, soit pour être admis dans la communion des saints, soit pour être rejeté. Les *Anciens* rédigèrent, en même temps une missive adressée à tous les peuples ennemis *de la ville chrétienne du Dieu suprême*. Cette missive, traduite en hollandais et en anglais par Jean, fut envoyée en milliers d'exemplaires par des messagers secrets dans les Pays-Bas, en Hollande, en Friesland et jusqu'en Angleterre. Elle fut en outre roulée autour de pierres et jetée dans le camp des assiégeants.

La missive, après avoir dit que la ville de Munster, vivant en paix avec le monde entier et ne demandant que la paix, avait été, sans aucune déclaration de guerre, assiégée et séparée du reste de l'Allemagne, uniquement dans un but de lucre et de butin, poursuit ainsi :

« Afin que chacun sache ce qu'il fait et contre » qui il se bat, nous allons vous dire qui nous » sommes.

« Notre foi et notre confiance reposent unique- » ment dans le seul vivant et vrai Dieu, créateur » du ciel et de la terre. Nous croyons que Dieu aime » ceux qui le craignent et marchent dans la voie du

» bien et qu'il hait tous les malfaiteurs, violateurs
» de la justice. Non-seulement nous ne laissons pas
» impunis les criminels, mais nous frappons les
» vicieux et les pécheurs. Nous ne craignons donc
» pas l'Antechrist : les prêtres, les moines, le diable
» avec toute son armée de fourbes. Notre vie est
» cachée dans le Christ et ne commence que lorsque
» la chair s'est dépouillée de la mortalité. Si vous
» avez des doutes sur ce que nous disons, envoyez
» des émissaires armés qui se battent contre nous,
» afin qu'ils jugent de leurs propres yeux. Ne crai-
» gnant que Dieu, les hommes ne sont pour nous
» que fétus et que poussière. Nous leur résisterons
» jusqu'au dernier souffle : *Ecrit à Munster, la*
» *ville de Dieu suprême,* dans l'année après la nais-
» sance du Christ mil cinq cent trente-quatre, le
» 8 avril. »

Le 16 mai, les Anabaptistes firent une sortie heureuse. Ils tuèrent beaucoup de monde aux assiégeants, et ramenèrent prisonniers quatre officiers
nobles.

Les assiégeants, à leur tour, résolurent de tenter
un grand coup et d'enlever la ville d'assaut. Mais les
soldats de l'évêque étaient tellement haïs par tous
les paysans des villages environnants, dépouillés de
leurs biens et forcés d'élever des bastions et des
digues, que les assiégés étaient toujours instruits
par eux de tous les mouvements des assiégeants.

Le jour de l'assaut fixé et convenu, le régiment
des *Guelderer,* (gens du duché de Gueldre), dans
le but d'être les premiers au butin, s'encouragèrent
mutuellement dès la matinée par force boissons,
pour prendre la ville à eux tout seuls, de faux espions leur ayant dit qu'ils n'avaient qu'à escalader

le mur d'enceinte, pour s'en emparer presque sans coup férir. Ils partirent donc avant l'heure convenue. Les Anabaptistes les attendaient de pied ferme. Les voyant partis, toute l'armée épiscopale se mit en mouvement. Mais déjà les assaillants intempestifs avaient subi une défaite complète, et le général en chef furieux, fit sonner la retraite sans emporter ses blessés dont les corps remplirent les fossés des remparts.

Cette victoire, célébrée dans la ville avec de grandes démonstrations, consolida le pouvoir de Jean. L'évêque, n'ayant plus d'argent, et son armée diminuant tous les jours par des désertions, s'adressa à l'archevêque de Cologne et au prince de Clève. Ceux-ci lui promirent quarante mille florins, des canons et de la poudre, mais lui imposèrent en même temps les conditions de convoquer incessamment la Diète du cercle de Westphalie, d'adresser à l'Empereur un rapport fidèle sur l'état de choses, d'accepter un général en chef nommé par la Diète et de maintenir une discipline sévère dans l'armée, plus dangereuse aux amis qu'aux ennemis.

XVI

HILLA LA NOUVELLE JUDITH.

Dans ce temps, une belle jeune fille nommée Hilla, fille du sieur Phnicon, née à Werden, village des environs de Munster, instruite et bien élevée, se rendit à Munster avec la résolution d'imiter Judith, qui avait fait lever le siége de Béthulie, et d'aller vers l'évêque pour l'empoisonner ou le poignarder dans son lit. Elle communiqua son projet à Knipperdolling et à Jean, qui l'encouragèrent en lui offrant tous les moyens possibles d'exécution. Une chemise de toile fine, imprégnée d'un poison subtil, fut préparée. Ou lui proposa des parures de soie brodées d'or, mais Hilla, confiante en sa beauté, refusa cet appareil. L'évêque, dit-elle, ne me recevra pas si je me présente vêtue de pourpre et de soie. Il faut que je ne lui apparaisse que dans le costume simple d'une jeune fille, désirant lui parler, par admiration pour sa personne et sa piété, et pour lui révéler certains secrets d'Etat. Une fois reçue, ajouta-t-elle, il ne sortira pas vivant de mes bras, soit *après*, soit *avant* ses caresses. Elle ne prit, en effet, que deux bagues, dont une de diamant, qu'elle mit aux doigts de ses pieds pour les cacher, et douze florins en argent.

Le 16 juin 1534, à la pointe du jour, Hilla quitta la ville et fut saisie par les soldats de l'évêque, qui l'eussent maltraitée, si elle ne leur avait pas dit qu'elle était sortie de Munster pour révéler des secrets à l'évêque et lui donner les moyens de s'emparer de la ville sans coup férir. Elle fut conduite à Wollbek devant Théodore de Merfeld, juge du camp.

Celui-ci, après l'avoir dépouillée de son argent et de ses bagues, l'interrogea et lui demanda pourquoi elle était entrée à Munster et pourquoi elle en était sortie ?

Hilla répondit qu'elle avait été mariée, à dix-huit ans, avec un homme âgé de trente-deux ans, qui l'avait forcée de le suivre, contre son gré, à Munster. Mais voyant que la foi des Anabaptistes n'était qu'une comédie, ayant été forcée de travailler aux fortifications, qui sont élevées par des femmes, et de s'exercer au maniement des armes, ne croyant pas un instant au succès de Jean et de Knipperdolling, qu'elle connaissait personnellement, elle avait quitté la ville, non-seulement dans le but d'obtenir de l'évêque la grâce de son mari, prêt à la suivre, mais encore pour lui communiquer des secrets qui lui serviraient à s'emparer de la ville sans grands efforts, par un coup de main, qu'elle garantissait de sa vie, étant prête elle-même à se mettre à la tête de l'expédition. Elle avait enlevé les diamants, en les cachant, pour en faire cadeau à l'évêque comme témoignage de son admiration pour sa personne et pour la foi qu'il représente. Elle ajouta qu'elle ne communiquerait ses secrets qu'à l'évêque même ou à un de ses délégués nommés spécialement par lui, insinuant par là qu'elle ne demandait pas mieux que de parler seule au seigneur interrogateur.

Elle eut, en effet, une entrevue particulière avec le seigneur de Merfeld, qui en référera à l'évêque, et qui devait la lui présenter le 18 juin, dans son château.

Inutile d'ajouter que Hilla n'avait jamais été mariée.

Mais Knipperdolling, dans son admiration pour Hilla, en avait parlé à sa femme, et celle-ci, une zélée Anabaptiste avant l'introduction de la polygamie, (car après cette introduction elle devint une ennemie acharnée de son mari polygame), avait parlé de la mort prochaine de l'évêque par une nouvelle Judith. Un homme, nommé Ramers, réfugié à Munster pour échapper aux corvées imposées par l'armée de l'évêque, ayant entendu parler de cette nouvelle Judith, profita de cette circonstance pour s'échapper de la ville et pour obtenir, non-seulement sa grâce, mais une large récompense de l'évêque. Il sortit furtivement pendant la nuit du 17 au 18, se fit faire prisonnier et demanda à être conduit immédiatement devant le juge du camp, attendu qu'une jeune fille, une nouvelle Judith, avait quitté la ville pour empoisonner l'évêque pendant son sommeil, et qu'il était sorti de Munster pour sauver la vie à l'évêque.

Tous les généraux, avertis sur le champ, accompagnèrent Ramers auprès du seigneur de Merfeld, se formèrent en conseil de guerre et firent venir Hilla devant le conseil.

Hilla, pâle et muette, ne fit d'abord aucune réponse ; mais voyant qu'on allait lui appliquer la

question et se voyant trahie, elle dit : « Vous pou-
» vez vous épargner cette peine. J'ai changé volon-
» tairement de religion. Je ne suis point mariée.
» J'ai demandé et reçu le baptême à Snek (ville
» néerlandaise aux frontières de la Westphalie). C'est
» moi et moi seule qui ai conçu le projet de tuer
» l'évêque, afin de délivrer l'humanité d'un assassin,
» d'un tyran, et mes chers coreligionnaires de leur
» plus puissant ennemi. Je n'ai plus rien à dire.
» Disposez de moi comme il vous plaira. »

Elle fut condamnée à être écartelée vive à Bever-
gern. Mais le seigneur de Merfeld obtint pour elle
la grâce d'être décapitée avant d'être mise sur la
roue.

Le bourreau avait une peur affreuse. On lui avait
dit que Hilla était une sorcière sur laquelle les
hommes n'avaient aucun pouvoir. Il prit la hache
de ses deux mains et frappa si fort que la tête tran-
chée par ricochet lui souffleta la joue, et que le
billot se fendit en deux parts.

Ramers n'eut rien que sa liberté. Ordre fut donné
par l'évêque d'épargner, à la prise de la ville, sa
femme et ses enfants. Mais quand la ville, plus d'une
année après, fut prise, la femme et les enfants de
Ramers furent massacrés avec les autres.

XVII

INTRODUCTION DE LA POLYGAMIE. — SOULÈVEMENTS.— VICTOIRE DES POLYGAMISTES SUR LES MONOGAMISTES — SOIXANTE-SIX EXÉCUTIONS. — OPPOSITION DES FEMMES.

Le siége traînait en longueur. L'évêque s'occupait à trouver des auxiliaires et de l'argent. Plusieurs compagnies de ses soldats désertèrent. L'une d'elles reprise, fut décimée.

Tout-à-coup Jean, Knipperdolling, Rottmann et Tylbek proposèrent l'introduction de la polygamie dans la ville. Les historiens des Anabaptistes perdent tous leur latin en parlant de cette mesure. Les uns prétendent que le jeune prophète, brûlant de volupté, n'a introduit la polygamie que pour satisfaire ses passions libidineuses. Les autres attribuent cette mesure à l'esprit d'imitation de la Bible. Jean, selon eux, n'ayant en vue que les rois David et Salomon, avec l'arrière-pensée de se déclarer roi lui-même, proposa la polygamie comme ballon d'essai dont le succès n'était rien moins que certain. Kerstenbrok allègue des raisons qui frisent le ridicule. Je ne les traduirai pas, le latin seul bravant l'honnêteté. Voici ce qu'il dit :

« Viris singulis exemplo Abrahami, Jacobi, Davidis et cœterorum patrum veteris testamenti, quorum vitam referant, licere plures uxores ducere, antecedens reliquent manifestum et in natura fondatam consequentiam probant. *Quia seminis jacturam facere nefas est. Faciunt autem viri seminis jacturam ex qua nulla proles nascitur*, quando vel imprægnatam vel annorum numero sterilem cognoscunt. *Ergo ne fiat seminis virilis jactura quadocunque habent conjugem prægnatam aut sterilem aliam ducere licet.* »

En un mot, la polygamie favorise la population et la monogamie la restreint par la perte des forces masculines qui se stérilisent.

Cette raison, outre qu'elle est puérile, est contraire à la loi de la nature et à celle de la Bible. La Bible ne cite les exemples de polygamie que pour en faire sortir le côté odieux et dangereux, comme elle cite l'histoire de Jacob, ayant épousé les deux sœurs, tout en défendant ces mariages par une loi. La Bible est l'histoire la plus sincère des passions humaines et de leurs crimes. Dans la première page elle dit : « C'est pourquoi l'homme quitte père et mère et s'attache à sa femme (et non à ses femmes), et ils deviennent une seule chair. » Moïse n'a pas pu abolir formellement la polygamie invétérée dans tout l'Orient, mais il a imposé au mari tant de devoirs maritaux envers chacune de ses femmes, faute de quoi la femme était libre, qu'il l'a rendue presque impossible. La *Kabbale*, que j'ai citée dans mes *Mystères de la Création*, va plus loin encore, et, chose curieuse, Voltaire, dans une lettre, s'est servi des mêmes arguments en faveur de la monogamie, savoir : *Que de tous les êtres, l'homme seul a été créé monogame, par la raison que de toutes les espèces, la femme seule, entre toutes les femelles, est menstruée, Dieu ne lui ayant donné ce privilège que pour la rendre égale à l'homme pour l'amour. La bête, même le singe, quand elle a conçu, défend au mâle tout approche et le force à la polygamie bestiale. L'homme n'a pas ce prétexte. Il peut vivre avec la même femme depuis l'âge de la virilité jusqu'à l'âge de la sénilité. Il a été créé monogame.*

Dès qu'il viole cette loi il dégénère. Plus dans un pays, il y a de polygames, mariés ou non mariés, moins il y a d'hommes virils, plus rapidement ils déchoient, physiquement et moralement; plus vite, émasculés et dévirilisés, ils deviennent la proie de maladies ou du premier tyran qui passe, qu'il soit national ou étranger.

Un peuple polygame ne vaincra jamais un peuple strictement monogame.

Les Anabaptistes n'ont pas fait exception à cette loi. Avec l'introduction de la polygamie, ils ont signé leur arrêt de mort.

Les raisons alléguées par Kerstenbrok peuvent avoir été émises, mais elles n'étaient certainement pas la cause probante de la mesure.

Les causes réelles, les voici :

Grâce aux nonnes qui avaient quitté les cloîtres et qui, sauf une douzaine, avaient embrassé la nouvelle religion, il y avait dans la ville assiégée deux fois plus de femmes que d'hommes.

Au dernier festin commun donné par le Prophète il y avait, selon Kerstenbrok, cinq mille femmes contre deux mille hommes. Or, à cette époque, le tiers de la population avait disparu par la famine et la guerre. Il y avait donc dans la ville au mois de juillet 1534, à peu près neuf mille femmes contre cinq mille hommes, dont trois mille armés, car les ouvriers étaient exempts de corvées de guerre. Les femmes, la plupart volontairement, travaillaient aux fortifications. Ce sont elles qui plus tard ont repoussé le grand assaut tenté par des troupes impériales. Or, ces femmes en grand nombre défroquées, n'avaient pas de maris. La polygamie était donc une espèce de récompense et d'encouragement pour les femmes célibataires.

On croyait les récompenser en leur accordant un demi ou un tiers de mari.

La communauté des biens d'ailleurs conduit forcément et partout à la communauté des femmes. Toute erreur enfante une horreur.

A coté de cette raison majeure, Jean, qui le premier a proposé la polygamie, avait des raisons particulières pour la légaliser.

A la mort de Mathiesen, il avait dit que le Père lui avait ordonné d'épouser Divara, la veuve de son ami. Or, Jean était marié à Leyde. Sa femme, fervente anabaptiste, embauchait des frères pour venir au secours de son mari. Le peuple de Munster ignorait ce fait, mais Knipperdolling et Rottmann le savaient. Le nouveau code venait de frapper de la peine de mort tout crime d'adultère et de fornication. Or, la belle Divara était non-seulement la maîtresse du jeune et beau Prophète, mais encore elle était dans une position intéressante, car six mois après l'introduction de la polygamie, elle accoucha d'une fille.

Le Prophète donc ne pouvait se tirer de ce pas

dangereux qu'en proclamant la légitimité de la polygamie.

Ce n'était pas chose facile. Henri Mollenheke, à la tête de deux cents habitants armés, déclara que si la polygamie, *cette fornication publique*, était introduite, il ouvrirait à l'évêque les portes de la ville.

Le Prophète, à son tour, déclara hors la loi tous ceux qui s'opposeraient à cette mesure. Il y eut une insurrection, une véritable bataille qui dura trois jours et trois nuits, entre les polygamistes et les monogamistes. Au troisième jour, les monogamistes vaincus se rendirent à discrétion. Si l'évêque avait profité de ces dissensions civiles, nul doute que la ville eût été perdue. Mais il n'apprit la nouvelle de cette lutte fratricide qu'avec la victoire des partisans du Prophète. Soixante-six insurgés furent décapités. Dans le nombre, on cite trois jeunes pamphlétaires : Jean Gekfeld, Henri d'Arnheim et Hermann Bispink. Kerstenbrok dit que Knipperdolling les décapita *de sa propre main*, mais cela est douteux. Les autres historiens semblent tous ignorer cette particularité. Le Prophète n'épousa d'abord que trois femmes, dont Divara. Nous citerons plus tard les noms de ses autres concubines. Knipperdolling en épousa une autre et par cet acte s'aliéna à tout jamais l'amour de sa jeune patricienne, qui l'avait épousé par enthousiasme pour ses principes, et l'amitié de sa noble belle-mère. Il n'est nulle part fait mention d'un second mariage de Rottmann. Kerstenbrok, dont il est la bête noire, n'aurait pas manqué de nous le dire. Les mauvais plaisants, malgré la rigidité de la loi, ne se firent pas faute de ridiculiser ces nouvelles mœurs. Des jeunes gens, en rencontrant des femmes, s'écriaient : « Hé là-bas, notre esprit convoite votre chair. » Ou bien : « Arrivez, et que notre verbe se divinise dans votre chair. »

Les mauvaises suites de ce décret ne se firent pas attendre. Au bout de deux mois on était forcé d'établir un tribunal présidé par le Prophète lui-même et qui siégeait deux fois par semaine, rien que pour les litiges matrimoniaux.

La polygamie n'est matériellement possible nulle part, à moins d'enfermer les femmes et de les faire garder par des ennuques. Les femmes libres de Munster, non-seulement refusèrent leurs faveurs à léurs maris polygames, mais bon nombre d'entr'elles réclamèrent pour elles le droit de polyandrie et épousèrent plusieurs maris. Tous ces faits étaient qualifiés de crimes et punis de mort. La femme de Jean d'Utrecht la première était accusée d'avoir refusé son lit à son mari. Elle ne se gênait pas pour l'avouer, disant qu'elle n'aimait pas le partage et qu'elle n'avait pas de trop d'un seul. Elle fut décapitée. Elisabeth Helscher, Catherine Kolenbek, Marguerite d'Osnabruck eurent le même sort, la première *ter quaterque negando conjugii debitum*, la seconde avait pris deux maris. Elle disait crûment que, d'après la loi de la nature, une femme pouvait plutôt suffire à deux hommes, qu'un homme à deux femmes. La troisième avait craché à la figure de l'orateur Schlachtsap, en l'appelant polisson. Elle fut graciée parce qu'elle était enceinte. De ce moment les événements se précipitent et nous marchons rapidement vers le dénouement.

XVIII

NÉGOCIATIONS DE JEAN. — TRANSFORMATION DE LA RÉPU
BLIQUE EN MONARCHIE. — NOMINATIONS, MŒURS, COS
TUMES, CONCUBINES, CÉRÉMONIES, MONNAIES DU ROYAUME.
PARTAGE DE L'ALLEMAGNE EN DOUZE DUCHÉS. — DONA
TIONS.

Pendant ce temps les émissaires du Prophète parcouraient toute l'Europe. Jan van Geel pénétra jusqu'à Strasbourg. De là, il s'adressa à la sœur de
l'empereur Charles-Quint, Régente des Pays-Bas, et
lui fit, au nom de Jean, l'offre de lui livrer la Westphalie. Van Geel reçut même la permission d'embaucher des soldats. Il en profita pour préparer une
révolution à Amsterdam, où nous le trouverons le
12 mai 1535, à la tête de trois mille insurgés

Ce fait historique et indubitable nous servira de
clé pour expliquer l'énigme de la transformation de
la République de Munster en une Monarchie.

Il est certain que l'évêque, au commencement de
sa campagne contre les Anabaptistes, trouva peu
d'adhérents parmi les princes de l'empire. Chacun
de ces petits potentats espérait pouvoir profiter de

ces troubles pour augmenter ses Etats. Les trois riches évêchés de l'évêque de Munster étaient convoités par plus d'un puissant voisin. Même après la victoire de l'évêque sur Munster, le duc de Brunswick lui prit l'évêché de Minden.

La conduite de sa soldatesque, le meurtre du syndic avaient soulevé contre lui toute l'Allemagne.

Les villes anséatiques allaient intervenir auprès de la Diète impériale, en faveur de Munster, et la Régente des Pays-Bas n'eût pas été fâchée de s'approprier la Westphalie, au risque de négocier avec le Prophète et de lui procurer les moyens de vaincre l'évêque, afin de le déposséder de ses évêchés.

L'évêque ne dut son salut qu'à la proclamation de la polygamie et de la monarchie. Comme toujours, selon la profonde fable du Talmud, ce sont les arbres mêmes qui livrent les manches aux haches pour les abattre. Ce sont les Anabaptistes eux-mêmes, responsables comme tous les peuples de leurs chefs, qui, par l'introduction de la polygamie, se sont aliéné tous les amis du dehors. Ce qu'ils avaient gagné par des années de luttes, ils venaient de le perdre, et le reste avec, par cette iniquité sociale, grosse de plusieurs autres. De ce jour, leur sort était scellé et rivé.

Jean, soit pour négocier sur un pied d'égalité avec les autres puissances, soit dans l'espoir d'inspirer du courage aux Anabaptistes de tous les pays en prenant le titre de *Roi de la justice universelle*, soit par enivrement de sa victoire sur les insurgés monogames, avait décidé de se déclarer Roi, non pas de Munster, il l'était de fait, l'ancienne formule des Anabaptistes « il n'est d'autre autorité pour les chrétiens que celle du verbe de Dieu » ayant fait place à cette autre « toute autorité vient de Dieu ; » *mais Roi de l'Univers, Roi de la justice universelle par la grâce de Dieu !*

Il se pourrait encore qu'il eût médité cette transformation pour donner des titres et des faveurs à ses amis et pour frapper l'imagination du peuple par de riches costumes, de pompeux spectacles et de nouveaux *mots*. Avant tout, Jean était comédien et il faut lui rendre justice, il s'y entendait. N'eût-été la fin tragique, la comédie qu'il jouait devant le peuple avait un côté grandiose.

Le doreur Dusentschur, créé prophète à la place de Rottmann, qui depuis quelque temps s'effaçait totalement, déclara que le Père, dans une inspiration, lui avait ordonné de créer Jean roi. Sur ce, le chef des *Anciens*, d'accord avec le nouveau prophète, présenta le glaive de la Justice à Jean, en lui disant : « Prends ce glaive de la Justice et » avec le glaive le pouvoir de te soumettre tous » les peuplés de la terre. Sers-t'en de manière à » pouvoir en rendre compte au Christ, quand il » t'appellera devant son Tribunal. » Puis il l'oignit d'huile en disant : « Je te oins au nom de Dieu, » Roi de la nouvelle Sion et de l'Univers entier. » Jean, après s'être prosterné, se leva et s'adressant au peuple, lui dit : « David, de pâtre qu'il était, est » devenu un puissant roi ; Dieu, le père, en agit » souvent ainsi avec les hommes ; il exalte les petits » et rabaisse les grands. C'est ainsi qu'il a bien » voulu m'élever au-dessus des peuples de l'Uni- » vers, *pour faire trembler les méchants et rassurer* » *les bons*. Que personne donc ne s'avise de s'oppo- » ser à la volonté de Dieu. »

Des murmures accueillirent ces paroles. Jean,

s'avançant vers les mécontents, s'écria : « Quiconque osera s'opposer à la volonté de Dieu, sera puni de mort ! » Vous voyez bien, ajouta-t-il aux mutins intimidés, que mon pouvoir vient d'en haut. Ne craignez rien d'ailleurs, c'est pour vous que je travaille. J'abaisserai tout ce qui est grand et j'élèverai tout ce qui est petit. Soyons unis et l'Univers est à nous !

On le voit, la démocratie monarchique ne date pas de nos jours.

On discuta pendant trois jours sur cette transformation. Le peuple ne se fit pas faute de railler ce roi de paille, ce comédien étranger, mais il n'avait plus de chef pour se défaire de lui. Knipperdolling était nommé vice-roi. Ce titre lui allait mieux que celui de *teneur de glaive*. Sa femme venait de le quitter ; et il paraît qu'elle seule était l'âme de la maison. Rottmann s'était retiré sous sa tente. Il fut bien nommé orateur royal, mais il ne paraissait plus guère en public. Krechting, ci-devant comte de Schœpingen, le caractère le plus pur et le plus loyal des Anabaptistes, fut nommé grand chancelier ; Tylbek, maréchal de cour. Tous les chefs des *Anciens* furent gratifiés de titres plus ronflants les uns que les autres et reçurent des costumes riches à l'avenant. La communauté des biens fut transformée. Il est probable que la nécessité de rationner la ville avait quelque peu contribué à cette transformation politique. Des lois somptuaires furent proclamées. Jusqu'à ce jour chacun s'habillait à sa guise. Dès ce jour, les vêtements étaient tous recueillis et distribués par des administrateurs. Les repas devinrent tous communs avec des rations distribuées par les chefs.

Le Roi avait vingt-huit trabants. Nilan, le Cyclope, fut nommé *teneur de glaive* à la place de Knipperdolling, nommé vice-roi. Kerkering fut nommé maréchal de guerre. Le Roi nomma ses généraux et ses officiers. Il se fit forger deux couronnes d'or, l'une représentant la couronne de Munster, l'autre la couronne impériale. A une chaîne d'or, suspendue autour du cou, il portait une sphère, traversée par deux glaives renversés. Entre les deux poignées, appliquées sur la tête de la sphère, était une croix d'or, sur laquelle étaient inscrits les mots : « *Un Roi de la Justice, partout.* (Ein Kœnig der Gerechtigkeit, überall). »

Le Roi portait un glaive dans une gaine d'or massif et des éperons d'or. Sur une de ses bagues en brillants, on lisait les mots : « *Le Roi du nouveau temple te servira d'exemple.* » Cette bague, dit Kerstenbrok, avait été donnée à la ville de Munster par Ebrard d'Ellen, mais la ville la vendit pour une modique somme à un brocanteur italien, nommé Knop. Le Roi portait toujours un pourpoint de velours ou de soie de différentes couleurs unies et voyantes, couvert de dentelles et rehaussé de broderie d'or et d'argent. Jamais roi n'eut de costumés plus somptueux ni plus appropriés aux principes de l'art. Les trabants étaient vêtus, les uns en bleu, les autres en pourpre. Dans leurs manches relevées se trouvaient la sphère avec la croix et les deux glaives renversés. Les douze *Anciens*, naguère habillés comme tout le monde, reçurent des costumes de soie et de velours, car on avait pris non-seulement tout l'or et l'argent des vases sacrés, la soie et le velours des ornements d'église, mais tout l'or et les vêtements de soie et de velours des habitants.

Quiconque refusa de livrer ses trésors était puni de mort.

Le Roi, pour former sa cour, choisit seize vierges au-dessous de vingt ans, qu'il épousa et auxquelles il donna le titre de reines. « En tête de la cour, dit Kerstenbrok, marchait toujours la divine Divara, belle entre les belles, avec sa gorge bien fournie, ses joues mélangées de roses et de lys, et ses deux grands yeux couleur bleu de ciel. » Elle venait de mettre au monde une fille, ainsi que Marguerite Moderson, la seconde reine. Voici maintenant les noms des autres reines : Maria Hecker, Catherine Miling, Elisabeth Buchodus, Anne Laurence, Marguerite Trollin, Angèle Kerkering, Anne Avergin, Elisabeth Dregger. Une fille naturelle de Knipperdolling, Anne Hangesbek, Anne Kibbenbrok et Christine Rhoden. » Une autre, ajoute Kerstenbrok, qui vit encore et que je ne nommerai pas. Elle n'avait que quatorze ans et, malgré sa jeunesse, elle n'a plus jamais consenti, après sa première nuit de noces, à partager le lit du Roi, pas même sous des menaces de mort. »

Pour son palais, le Roi fit choix de la maison de Melchior de Buren. Le palais épiscopal fut choisi pour les reines. Une galerie couverte servait de porte de communication entre la demeure des reines et la maison du Roi. Chacune de ces reines avait son maréchal, son écuyer, son coureur et ses trabants. Voici l'ordre intérieur de ce ménage royal :

« Le Roi fit fabriquer une grande table ronde, dans laquelle étaient inscrits les noms des Reines. A chaque nom se trouvait un petit trou, dans lequel on pouvait mettre une cheville de bois, selon l'usage des couvents pour les chanoines et les chanoinesses, indiquant par là les noms de ceux ou de celles qui doivent chanter dans le chœur. Quand donc le roi, à table, entouré de ses reines, faisait choix d'une d'elles pour la nuit, il n'avait pas besoin de parler, il n'avait qu'à fixer la cheville devant le nom de celle qu'il désirait. En cas d'impossibilité naturelle, la reine désignée ôtait la cheville et la passait à sa voisine la plus proche.

La reine choisie était conduite dans un bain aux parfums odoriférants, puis vêtue de pourpre et de lin fin, couverte de bijoux les plus précieux. Ses cheveux étaient entrelacés d'or fin, et autour de ses tempes elle portait une couronne de feuillage et de fleurs. Ses seins resplendissaient à travers les tissus les plus légers. En un mot, tout ce qui peut exciter l'amour était artistement préparé par des femmes expérimentées dans cet art. Le dortoir du Roi était jonché de fleurs et rempli de parfums voluptueux (1).

Le Roi ne permit pas qu'un autre que lui montât sur le siége du juge, érigé sur le marché en forme de trône.

Il y arrivait, trois fois par semaine, sur un cheval

(1) Solo aspectu noctis quam vellet futuræ sociam delegit, neque eam verbis aut nutibus aliisve signis, sed bacillo nomini ejus in tabula apposita signavit. Ita signata sine aliorum coutumelia et invidia regiam noctem apperitur, si vero veneri inepta sit, bacillum in aliud nomen cui favet transfert. Deputata itaque regio thoro, ne quid nauseæ majestati regiæ moveatur, balneum ingreditur, lavatur, oderiferis liquoribus perfunditur bysso purpurave induitur, articuli annulorum multitudine rigent, catenis et monilibus gemmatis collum ambitur, comæ auro substringuntur, virentibus fragrantibusque sertis tempora cinguntur, bambycino perisomatio uterus obtegitur, per tenuissimam sindonem gemina ubera resplendent. (Kerstenbrok, page 775).

richement caparaçonné, précédé de joueurs de flû-
tes, de hautbois, de violons, tous costumés. Il était
suivi du vice-roi, du maréchal de la cour, du chancelier et de plusieurs conseillers. A côté du cheval
monté par le Roi marchaient deux pages, dont l'un
portait la Bible et l'autre un glaive nu. Vingt-quatre
trabants fermaient le cortége avec Nilan, le *Seigneur
du glaive:*

Parfois le Roi était accompagné de la Reine Divara, chevauchant sur un poney, et plusieurs fois
même de toutes ses concubines à cheval. Divara,
mettant pied à terre, entrait ordinairement dans la
maison en face du trône et s'asseyait à une fenêtre
ouverte, pour écouter le discours de l'orateur royal,
prononcé, en l'absence de Rottmann, par le prophète fraîchement émoulu, Dusentschur.

Le Roi, sur son trône, n'avait presque pas d'autres jugements à rendre que sur des questions
d'amour et de divorce.

C'est du haut de ce trône qu'il condamna à mort
plusieurs des femmes, dont nous avons cité les noms.
Lui seul aussi mariait les nouveaux couples en prononçant les paroles : « Allez, fructifiez et multi-
pliez. »

Le Roi fit frapper des monnaies d'or et d'argent.
Kerstenbrok en communique les dessins. On y lit
les inscriptions suivantes :

« *Le verbe est devenu chair et demeure en nous* » ou
Il n'y a qu'un Roi juste sur tous « ou « *Un Dieu, une
foi, une loi, un baptême !*» Le Roi proclama une nouvelle Constitution, « *au nom de Jean, le Roi juste,
mis par Dieu sur le siége de David.* »

Cette Constitution avait vingt-huit articles.

L'ivrognerie, le jeu, l'adultère, le viol, la fornication, y sont qualifiés de crimes encourant la peine de mort.

L'article onzième dit : « Si quelqu'un reste trois jours absent de sa maison et de son camp, sa femme est autorisée à convoler. »

L'article vingtième dit : « Nul chrétien anabaptiste ne doit s'opposer à une autorité païenne, ni lui faire un tort, aussi longtemps que cette autorité ne lui demande pas une abjuration de foi. Par contre, il faut s'opposer par tous les moyens à la tyrannie babylonienne des prêtres et des moines. »

C'est un accommodement avec le gouvernement des princes.

L'article vingt-cinquième *défend le mariage aux épileptiques, aux syphilitiques, aux poitrinaires, à tous ceux affligés d'une maladie héréditaire. Les fiancés, avant de se marier, devaient être soumis à l'inspection médicale.*

L'article vingt-sixième punit de peines graves *une femme qui pour se marier se dit vierge sans l'être.* Mais il n'indique pas les moyens de s'assurer de la fraude.

La constitution répète, par trois fois, que toute autorité vient de Dieu, et que tout citoyen insurgé sera puni de mort.

Le roi partagea la ville en douze quartiers. Il partagea en même temps l'Allemagne et les Pays-Bas en douze duchés, et les distribua à ses serviteurs en guise de joyeux avènement.

Il donna :

A Jean Denker, le duché de Saxe.

A Bernhard de Moer, le duché de Brunswick.

A Christian Kekering, la Westphalie, créée duché.

A Jean Palk, le duché de Geldern avec le diocèse d'Utrecht.

A Engebert Edink, le duché de Brabant et de Hollande.

A Willy Ledamus, l'archiépiscopat de Cologne.

A Henry Xautus, l'évêché de Mayence.

L'évêché de Trêves, à Henri Rock.

Brême, Verden et Minden, à Jean Karesberg.

A Hermann Reynink, Hildeshausen et Magdebourg.

A Nicolas Strip, le Friesland avec Groeningue.

Knipperdolling, Krechting, Tylbek et Rottmann, ne se prêtèrent pas à cette comédie de donations qui, d'ailleurs, ne furent publiées qu'après la nouvelle victoire des assiégés sur les assiégeants, et après l'envoi de vingt-sept nouveaux apôtres dans toutes les parties du monde.

XIX

L'évêque, ayant appris que la polygamie et la
monarchie avaient créé beaucoup de mécontents, et
qu'il y avait eu dans la ville une insurrection de
trois jours, convoqua un conseil de guerre, qui
décida de tenter un assaut général. La cavalerie,
mettant pied à terre, devait être à l'avant-garde.
Avant de tenter l'assaut, l'évêque envoya une députation aux bourgeois de Munster pour leur dire
qu'il était prêt à les affranchir de leur *cabotin* de
roi. Jean reçut cette députation, assis sur son trône
et leur dit :

« La ville est à la disposition de l'évêque. Il n'a
qu'à venir la prendre. »

Un assaut général eut, en effet, lieu le 25 août 1534.
Il fut repoussé. Les femmes, du haut des remparts,
outre les flèches, jetèrent sur les assaillants de la

chaux brûlante et des paquets d'étoupe enflammée enduite de poix. Il y eut tant de blessés et de morts dans le rang des assaillants, qu'on n'y entendait que des hurlements et des malédictions. Les assiégés n'avaient que seize morts et une cinquantaine de blessés. « La déroute était telle parmi les nôtres, dit Kerstenbrok, que si l'ennemi assiégé eût profité de sa victoire et fût sorti pour poursuivre nos soldats découragés, désarmés, épouvantés, ç'en eût été fait de toute l'armée de l'évêque et le siége, certes, eût été levé pour longtemps. » Mais Jean, comme tous les rois, préférait les flatteurs et les fêtes, à des conseillers sérieux et sévères. Rottmann se tenait à l'écart. Knipperdolling songeait aux moyens de se défaire de son maître, pendant que sa femme conspirait à la fois contre lui et le roi. Jean, au lieu de poursuivre l'ennemi, ordonna des fêtes de réjouissance en l'honneur de la victoire, et partagea le monde en duchés, qu'il distribua aux vainqueurs.

L'évêque, rassuré par l'inaction des vainqueurs, convoqua un nouveau conseil de guerre, dans lequel il fut décidé de prendre la ville par famine, et d'élever autour de ses murs une circonvallation de terre, afin de rendre toute sortie impossible. Tous les paysans du diocèse, hommes, femmes, domestiques et jusqu'aux enfants, furent forcés, comme jadis les Israélites en Egypte, de travailler jour et nuit à cette enceinte de boue et de sable. Il y eut des soulèvements, suivis d'exécutions capitales. L'enceinte fut élevée au bout de six semaines, malgré quelques faibles tentatives de destruction faite par une partie des assiégés. Il y avait sept bastions avec sept tours, pour surveiller les mouvements des assiégés et trois cents cavaliers étaient toujours de faction,

17.

pour se rendre au galop, d'une porte à l'autre, et repousser les sorties. Wilkin de Steding fut nommé général en chef.

L'évêque envoya en même temps des ambassadeurs aux quatre Electeurs de Mayence, de Cologne, de Trève, du Palatinat, ainsi qu'à tous les princes de la Westphalie du haut et du bas Rhin, les priant d'abord de prendre des mesures sévères contre ses soldats déserteurs et les convoquant à une Diète. La Diète s'assembla le 13 décembre à Coblence. Le jour de l'ouverture, les délégués de l'évêque, dans plusieurs discours, s'efforcèrent de prouver que les évènements de Munster étaient aussi dangereux pour tous les pays de l'Allemagne que pour l'évêché. L'évêque, disaient-ils, est à bout de ressources. Ses soldats se débandent, ses sujets se révoltent. Si l'Empire et l'Allemagne n'interviennent sérieusement, il est à craindre que le roi Jean ne devienne bientôt le seul maître de l'Empire, abolissant toute religion, toute propriété, toute morale, tout ordre. Le danger est bien plus grand qu'on ne s'en doute, attendu qu'outre les villes du diocèse de Munster, prêtes à venir au secours de leurs frères assiégés, la Hollande, le Friesland, tout le Brabant, n'attendent que le mot d'ordre pour se soulever et courir au secours de la ville.

Le *Landtag*, prenant en considération ces plaintes et ces arguments, décida :

Premièrement

« Trois mille soldats suffiront à l'avenir pour cerner la ville et pour l'affamer. Si d'autres bastions sont jugés nécessaires, ils seront élevés aux frais de l'évêque et nullement par des corvées forcées. »

Deuxièmement

« Des surintendants et des caissiers seront nommés pour tenir la comptabilité de l'armée. »

Troisièmement

« Le sieur Urich de Walkenstein est nommé général en chef avec quatre conseillers de guerre en permanence. »

Quatrièmement

« Les princes coalisés s'engagent pendant six mois à payer quinze mille florins par mois, soit pour la solde de l'armée, soit pour payer les espions. »

Cinquièmement

« Le général en chef touchera 500 florins par mois. »

« Jean Udenheim est nommé payeur-général, *afin de veiller à ce que l'argent destiné pour l'armée ne soit pas détourné* » Confiance qui honore la mémoire de l'évêque.

Enfin, tous les officiers, au lieu de prêter serment à l'évêque, étaient tenus de prêter serment aux délégués de la Diète.

Il ne faut pas croire que l'argent promis à l'évêque fut un subside. Une clause du traité dit formellement :

« L'évêque s'engage à rendre un compte fidèle du butin, afin de restituer l'argent avancé par les princes. » C'était presque une affaire.

Il fut en outre résolu que l'évêque inviterait les sept Electeurs de l'Empire, « afin de convoquer une

» Diète impériale à Worms, à laquelle on inviterait
» le roi romain Ferdinand (Charles-Quint, son au-
» guste frère, étant occupé ailleurs), et afin de
» prendre toutes les mesures pour exterminer jus-
» qu'à la racine ces doctrines perverses et subver-
» sives de l'ordre chrétien, et d'édicter des peines
» contre toutes les personnes, n'importe de quel
» âge et de quel sexe, entachées de ces erreurs dia-
» boliques et morbifères. »

Ce n'était donc plus une guerre entre la ville de
Munster et l'évêque, mais entre une ville et un empire. Eh bien, malgré cette formidable coalition,
Munster n'a dû sa chute qu'à ses propres erreurs
et qu'à ses propres dissentions.

XX

RÉVOLTE DE KNIPPERDOLLING ET DE SA FEMME. — FÊTE DE RECONCILIATION SOUS LE NOM DE SAINTE COMMUNION. ENVOI DE VINGT-SEPT APOTRES. — LE ROI TRANCHE LA TÊTE A UN ÉTRANGER A LA TABLE DE LA FÊTE.

Pendant que toute l'Allemagne armait contre la ville, la désunion éclata aux rangs des assiégés vainqueurs.

La femme de Knipperdolling, conspirant contre l'ordre des choses, prêchait ouvertement la révolte. Elle fut forcée par le Roi de faire publiquement amende honorable, tenant un glaive à la main ; mais son opposition mit la désunion parmi les femmes guerrières.

Knipperdolling, à son tour, soit qu'il n'eût plus confiance en Jean, soit qu'il fût fatigué de jouer le second rôle, soit enfin qu'il fût honteux du rôle que le Roi venait de faire jouer à sa femme, s'insurgea publiquement contre la trahison de Jean et se déclara roi lui-même. A cet effet, il se servit des moyens populaires des Anabaptistes. Il se jeta à terre, eut une inspiration, se leva et s'assit sur le trône, en criant que Dieu le Père, afin de sauver

Sion et les nouveaux Israélites, lui avait ordonné de se déclarer roi et de détrôner le Hollandais prévaricateur. Mais le peuple, qui sentait déjà les angoisses de la faim, resta indifférent aux visions de son ancien tribun, qui jusqu'à ce jour, volontairement ou par manque d'énergie, avait toujours témoigné plus que de la déférence à son ancien ami. Cela voyant, Jean monta sur le trône, saisit Knipperdolling au collet et l'envoya en prison. Mais connaissant l'influence de Knipperdolling et de son parti et se sentant ébranlé par sa coupable inaction, il fit annoncer par le prophète Dusentschur que le temps était venu d'oublier toute rancune, d'effacer toute trace de désunion, et que le jour du lendemain serait un jour de réconciliation fraternelle et de réjouissance publique. Un repas public et solennel pour tout le peuple fut organisé et préparé au marché, ce qui n'était pas de refus, attendu que les rations diminuaient de jour en jour et que le peuple se nourrissait depuis un mois de chiens, de rats et de souris, la viande de cheval ayant été rationnée. Ce repas fut appelé *la Sainte Communion* ou *la Nouvelle Cène.* Cinq mille personnes y prirent part; savoir : seize cents hommes valides, quatre cents invalides et trois mille femmes. Les tables étaient dressées en forme d'un immense fer à cheval. Le Roi, portant un pourpoint de velours cramoisi et par-dessus le pourpoint une robe blanche brodée d'or, y apparut avec toutes ses reines et ses trabants. Knipperdolling, mis en liberté, était à côté du Roi, à la table principale. Le Roi, après avoir embrassé Knipperdolling, après avoir prié le peuple de se tenir prêt pour une sortie générale et décisive, justifiant par là les griefs de Knipperdolling, prit du pain azyme, le distribua lui-même à tous les hommes, en priant chacun de se ceindre les reins pour un grand et dernier combat. On lui répondit par un assentiment général. Le Roi, après avoir mangé de ce pain, dit à haute voix : « Mes frères, mangez et sanctifiez la mort du Seigneur. » En même temps Divara, une coupe d'or remplie de vin à la main, se leva, but dans la coupe, la fit circuler et dit à haute voix : « Buvez, mes sœurs, et glorifiez la mort du Seigneur. » Puis le prophète Dusentschur monta à la chaire et annonça que ce jour-là même, vingt-sept apôtres quitteraient la ville pour propager le verbe de Dieu et engager les peuples de l'univers à venir au secours de la Nouvelle Jérusalem et des Nouveaux Israélites. Dusentschur, qui n'était pas sans talent, fit ressortir le dévouement de ces apôtres, bravant les tortures et la mort pour la cause du peuple. Il engagea le peuple à se préparer à un dernier et suprême combat, lorsqu'au milieu de sa harangue, le Roi, voyant un soldat étranger à la table, s'approcha de lui et lui dit : — Ami, quelle est ta foi ? — Je crois, répondit celui-ci d'un ton goguenard, que ton repas n'est pas fameux. — Et pourquoi n'es-tu pas en habit de noces ? lui demanda encore Jean. — Quant à ta noce de p....., reprit le soldat, on ne m'y a pas invité, on m'a forcé d'y assister, malgré moi. Furieux de cette réponse impertinente, Jean tira son glaive et lui trancha la tête, en disant que c'était un espion. Un espion n'eût certainement pas répondu de cette manière aux questions d'un roi si expéditif, et qui avait droit de vie et de mort sur tous les citoyens. Il l'aurait flatté. Cet incident lugubre mit fin à la fête et découragea le peuple. Le véritable espion était dans les rangs mêmes des apôtres, dont les noms venaient d'être prononcés du haut de la chaire. Il s'appelait *Graes*, et ce qu'il y a d'étonnant, c'est que parmi les vingt-sept il n'y eut qu'un seul Judas.

XXI

INSURRECTION DE WARRENDORF. — LE TRAITRE GRAES. —
LE ROI TROMPÉ, LUI DONNE PLEIN POUVOIR SUR TOUS LES
AFFILIÉS DE L'ALLEMAGNE ET DE LA HOLLANDE. — LES
TROIS ANABAPTISTES. — INSURRECTIONS ET EXÉCUTIONS
CAPITALES PAR LA TRAHISON DE GRAES.

Comment ces vingt-sept apôtres purent-ils quitter,
sains et saufs, la ville, serrée de près par un mur
de circonvallation et gardée par trois mille soldats,
dont cinq cents cavaliers ? C'est qu'outre la peste
qui venait d'éclater dans le camp, un bataillon entier
de lansquenets s'étaient soulevés, avaient brûlé le
camp, tué leurs chefs et s'étaient débandés, malgré
la certitude d'être passés par les armes.

Huit jours après le départ des apôtres, la petite
ville fortifiée de Warrendorf, sur les prédications
de Klopris et d'Erpo, ce dernier un Hollandais, arrivés de Munster, se souleva et se déclara pour les
Anabaptistes. Il faut croire que les chefs du mouvement comptaient sur une sortie victorieuse des
Munstériens, car au lieu de s'armer et de courir au
secours de Munster, à quelques lieues de là, ils se
contentèrent de baptiser deux cents citoyens, pen-

18

dant que de Buren et de Mengersheim, deux nobles demeurant dans la ville, avertirent l'évêque, qui leur envoya deux compagnies de soldats à cheval. Le *Conseil* de la ville refusa d'ouvrir les portes aux soldats de l'évêque, malgré les protestations d'amitié et de pardon de la part des chefs. Mais ne voyant venir aucun secours de Munster, qui, à son tour, attendait des secours des villes environnantes, le *Conseil* céda aux supplications de plusieurs bourgeois conservateurs, et ouvrit les portes aux soldats de l'évêque. Inutile d'ajouter que l'évêque ne respecta pas les promesses de pardon de ses partisans. La ville perdit toutes ses libertés municipales. Toutes les personnes rebaptisées furent exécutées : les unes décapitées, les autres brûlées. Un impôt forcé rançonna toute la ville. Klopris fut envoyé, en guise de cadeau, à l'Archevêque de Cologne, qui le fit rôtir à petit feu. Erpo fut tué en essayant de s'opposer à l'ouverture des portes de la ville aux gens de l'évêque.

Warrendorf pris, l'évêque fit la chasse aux autres apôtres qui venaient d'apparaître à Zusa, à Coesfeld, à Osnabruck, et à tous ceux accusés de les avoir écoutés. Plus de deux cents personnes furent encore exécutées dans ces villes : Kerstenbrok en nomme une vingtaine, mais c'étaient seulement les chefs affiliés, dont plusieurs conseillers municipaux riches et considérés.

Parmi les apôtres faits prisonniers à Osnabruck, se trouva Graes déjà nommé. C'était un ancien maitre d'école. Garotté et conduit sur un chariot au château d'Iburg où il devait être exécuté, Graes aperçut l'évêque obèse qui se promenait dans le jardin de l'évêché et lui cria en latin: *Nonne princeps habet po-*

testam dimittere vinctum ? « Le prince n'a-t-il pouvoir pour délier le lié ? » L'évêque flatté de ces
paroles, fit venir le maître d'école chez lui et lui
offrit sa grâce, à condition qu'il retournerait à
Munster, en qualité d'espion, pour apprendre les
noms de tous les affiliés anabaptistes en Allemagne,
en Hollande et dans les Pays-Bas. Graes accepta.

On le mit, pieds et poings liés, sur une voiture
abandonnée tout près d'une porte de la ville. A la
pointe du jour la sentinelle, attirée par les cris de
Graes, accourut et reconnaissant l'apôtre, le délia
et le fit entrer dans la ville.

Comment Graes a-t-il pu faire accroire à Jean
qu'il était une victime de l'évêque et qu'il ne lui
avait échappé que par un miracle divin, nul historien de cette époque ne s'en préoccupe. Un seul
parmi les modernes s'écrie plaisamment, « que ne
peut-on faire accroire à un homme qui a dix-huit
femmes ! » Il y a du vrai dans cette exclamation. Le
fait est qu'en l'absence de Knipperdolling, beaucoup
moins naïf que Jean, grâce à ses flatteries, grâce à
ses promesses de réunir une armée d'auxiliaires
dans les environs, brûlant du désir de dégager la
ville pour se venger des iniquités de l'évêque, Graes,
au bout de huit jours, devint le confident du Roi,
qui lui donna plein pouvoir, non-seulement sur ses
frères à Wesel, à Deventer et à Amsterdam, mais
sur tous les Anabaptistes du diocèse et de l'empire.
Voici ce plein pouvoir :

« Nous Jean, Roi de la Justice dans le temple
» nouveau et serviteur du Dieu suprême, faisons
» savoir par cet Ecrit à tous les frères chrétiens
» qui nous sont affiliés, que le porteur Jean Graes
» est un vrai prophète, éclairé par l'esprit du Dieu

» céleste et que nous l'avons chargé d'assembler
» tous nos frères dispersés en Hollande et en Alle-
» magne pour la défense de notre royaume et pour
» enseigner la parole de vie, ainsi que d'exécuter
» les autres ordres dont nous l'avons chargé ver-
» balement. Nous prions donc nos amis d'avoir foi
» en ses paroles comme en nous-même. Ecrit à
» Munster la ville de Dieu et scellé de notre sceau,
» dans l'an vingt-cinquième de notre âge, premier
» de notre règne, le second jour du mois de la
» naissance de Jésus-Christ, le fils de Dieu, mil
» cinq cent trente-cinq. »

La vérité est que Jean, regardant sa vie comme un miracle perpétuel, ne comptant que sur un miracle pour sauver *son royaume*, était enchanté de trouver dans Graes le commencement de ce nouveau miracle.

Muni de ce plein pouvoir, que l'on dirait dicté par l'espion même, et de trois cents florins que le Roi lui remit, Graes, accusé par Tylbek d'être un espion, s'enfuit la nuit même, et enveloppant sa tête d'un mouchoir blanc, signe de reconnaissance convenu avec l'Évêque, il arriva sain et sauf au camp.

Il avait à peine franchi la porte de la ville, que le Roi envoya plusieurs citoyens armés pour le tuer. Graes se rendit auprès de l'évêque et lui livra une longue liste de tous les chefs anabaptistes en Allemagne et en Hollande. On lui adjoignit deux cuirassiers déguisés en Anabaptistes pour faire un tour dans tous les endroits signalés (1),

Partout, sur leur passage, ou plutôt après leur

____

(1) Les trois Anabaptistes voyageurs de Scribe ont été puisés dans ce fait. C'est tout ce qu'il savait de l'Anabaptisme.

passage, ces agents provocateurs répandirent des insurrections, des arrestations et des exécutions.

A Amsterdam, le 12 mai 1535, les Anabaptistes, trois mille en nombre, prirent les armes et Van Geel en tête, se défendirent pendant trois jours contre l'autorité prévenue et ayant préparé tous ses moyens d'attaque. Van Geel fut tué le troisième jour à la tête des insurgés.

Parmi les prisonniers exécutés se trouvait Van Kampen, le nouvel apôtre venu de Munster. Tous les insurgés pris furent ou décapités, ou brûlés ou noyés. Pas un ne fut gracié. A Wesel, Graes en fit saisir une vingtaine dont un bourgmestre et un conseiller, qui furent écartelés. De même à Deventer, après une émeute étouffée. A Leyde, la femme de Jean, pour laquelle ce misérable avait un message particulier, fut saisie et brûlée avec ses deux enfants, dont une ravissante jeune fille ressemblant à son père. Cinquante autres Anabaptistes de Leyde, dont les noms furent livrés à Graes par la femme de Jean, furent décapités. Partout les autorités prévenues par l'Évêque et renseignées par Graes et ses deux acolytes déguisés en Anabaptistes, surprirent les malheureux dénoncés, les saisirent, confisquèrent leurs biens et les traînèrent sur l'échafaud, eux, leurs fils et leurs filles, et parfois jusqu'à leurs parents éloignés.

XXII

DÉFENSE DE SORTIR DE LA VILLE. — EXÉCUTION DE LA REINE ÉLISABETH WANDSCHERER PAR LE ROI LUI-MÊME. — SORTIE DES CINQ CENTS INVALIDES. — EMBARRAS DES ASSIÉGEANTS.

Depuis la fuite de Graes, ordre fut donné de ne plus laisser sortir personne de la ville, sous peine de mort, sans permission expresse du Roi.

Plusieurs hommes et plusieurs femmes ayant tenté de quitter la ville, furent pris et décapités, entre autres le coureur de la reine.

Mais l'exécution la plus tragique, qui eut lieu le 12 février, fut celle d'Elisabeth Wandscherer, la reine la plus belle de Jean, après Divara.

Lisbeth s'était mariée très jeune à un nommé Reiner, qui l'amena à Munster. Après la mort de ce premier mari, elle épousa un moine défroqué et divorça, disant hautement que l'homme qui devait la dompter n'était pas encore né.

Le Roi ayant entendu parler d'elle la fit venir chez lui. Soit qu'il fût ébloui de sa beauté, soit que son amour-propre fût flatté de la soumission de Lisbeth, qui l'appela son maître et seigneur, il l'épousa.

Mais Lisbeth n'était nullement domptée. Non seulement elle disait au roi de dures vérités, non seulement elle engagea ses compagnes à quitter ce *cabotin couronné*, comme elle l'appelait, pour sauver leur vie, mais elle entreprit elle-même une tentative d'évasion. Jean, furieux, la fit lier devant lui, la traîna lui-même au marché, suivie de toutes les autres reines. Puis en prononçant les paroles : « Elle a toujours été une p.... », il tira son glaive et lui trancha la tête de sa propre main. Les concubines entonnèrent, dit Kerstenbrok, un *Gloria excelsis* et dansèrent une polonaise autour du cadavre d'Elisabeth.

Tout cela n'était pas de nature à favoriser une grande sortie. Soit que Jean ne fût plus sûr de ses soldats, soit que les Anabaptistes, affaiblis par les privations de nourriture ne se sentissent plus assez de force pour un effort suprême, la sortie fut toujours remise, La famine était telle que les habitants de la ville avaient l'air de squelettes ambulants.

A en croire Kerstenbrok, des mères, comme jadis à Jérusalem, rôtirent leurs propres enfants pour les manger. Ce fait n'est pas prouvé. Mais depuis quelques semaines il n'y avait plus de vivres que pour les hommes armés, et ces vivres rationnés diminuaient de jour en jour.

Les assiégeants, à leur tour, n'étaient pas couchés sur des roses.

Les coalisés de Coblence commencèrent à parler d'un refus de subsides. Ils ne comptaient avoir fait à l'évêque qu'un prêt et le pressèrent d'en finir pour leur rendre capital et intérêts.

Les villes anséatiques allaient tenter une intervention auprès la Diète de l'Empire, en faveur d'une transaction, afin de faire disparaître ce spectacle faisant honte à l'humanité, véritable opprobre du genre humain.

Le roi Jean permit à cinq cents hommes et femmes invalides, n'ayant plus de vivres, de quitter la ville. Ce fut vers le mois de mars.

Ils se tinrent dans un espace de terrain entre les remparts de la ville et la circonvallation des assiégeants, nommé *le Royaume*. Les assiégeants, sourds à leurs gémissements, leur refusèrent la permission de franchir cet espace. Ces malheureux y restèrent exposés pendant huit jours et huit nuits, en avalant des racines et quelques insectes. Inutile d'ajouter qu'ils y mouraient par douzaines. Le congrès averti par les généraux que les cadavres non inhumés étaient plus dangereux pour l'armée que ces affamés vivants, permit aux deux cents survivants d'entrer au camp, où un grand nombre d'entre eux moururent après avoir avalé quelque nourriture. Croirait-on que plusieurs de ces infortunés échappés à tant de dangers, furent encore condamnés pour crime d'anabaptisme !

Schiller a bien raison : « L'horreur des horreurs, c'est l'homme dans son délire. »

XXIII

Nous marchons vers le dénouement.

Hensel de Langstraten, appelé le petit Hensel, était un jeune homme d'un esprit hardi et du bois dont en fait les condottieri.

Il avait servi sous le général de Hamm, qui en plusieurs circonstances avait suivi avec succès le conseil de ce petit soudard et qui l'avait recommandé à l'évêque. L'évêque, jugeant les hommes d'après leur taille, le trouva trop petit et ne tint aucun compte de la recommandation d'un vétéran invalide. Ce que voyant, Hensel déserta, entra dans la ville, offrit ses services à Knipperdolling et devint sergent-major dans l'armée anabaptiste. Soit que Hensel fût vexé d'avoir été oublié par le Roi, soit qu'il crût la cause de la ville perdue, il se concerta avec sept de ses soldats pour s'échapper de la ville, en leur disant, que mourir pour mourir, il valait encore mieux être fusillé que mourir de faim.

Ils partirent donc nuitamment au nombre de huit. Six d'entr'eux furent pris et passés par les armes, mais Hensel et un compagnon nommé Sobb, se cachant dans les silos par une nuit orageuse, réussirent à tromper la vigilance des soldats de l'évêque et atteignirent l'endroit où demeurait l'ancien protecteur de Hensel, qui le reçut à bras ouverts. Hensel lui exposa les misères de la ville et ajouta : « Les soldats du Roi Jean sont si maigres, si affaiblis et si mécontents que je me fais fort de prendre la ville avec trois cents hommes résolus. » De Hamm écrivit à lé'vêque en citant le paroles de Hensel et cette fois-ci l'évêque, plus confiant, fit venir le soudard à Willinghegen, en lui promettant sa grâce et de l'avancement.

Hensel exposa son plan devant un conseil de guerre auquel assistèrent tous les généraux. Après l'avoir écouté, le commandant Wilkin Steding lui dit : « Je te donnerai les trois cents hommes que tu demandes, mais c'est moi qui les commanderai. Tu marcheras devant moi et à la moindre hésitation je te brûlerai la cervelle. » Rendez-vous fut pris pour la nuit du 24 juin 1535. Pas un soldat ne fut instruit de l'entreprise ; quelques échelles d'escalade seulement furent préparées en silence. Le 22 juin l'évêque somma la ville de se rendre. Le Roi Jean ne paraissait presque plus en public. Soupçonné de méditer sa fuite il fut surveillé de près. Rottmann, qui depuis longtemps avait disparu de la scène, reparut subitement. Lui et Tylbek reçurent les députés. Rottmann leur dit qu'à moins que Dieu en personne ne vienne pour demander la reddition de la ville, elle ne se rendra pas. Qu'on était décidé à porter tous les biens mobiliers au marché, de les brûler ainsi que la ville et de se frayer un passage, l'épée à la main, à travers l'armée de l'évêque.

Ce sont presque toujours les éléments qui décident du sort des batailles, du moins en grande partie. La nuit du 24, un violent orage éclata sur la ville. L'air était ébranlé de coups de tonnerre et de lugubres clapotements d'une grêle, suivie de pluies torrentielles.

Les sentinelles avancées de la ville avaient quitté leur poste, et s'étaient retirées sous les baraques pour y chercher un abri contre l'ouragan. Une attaque par un temps pareil n'était pas probable. Là, brisées de fatigues et affaiblies par la faim, elles s'endormirent. Le mot de passe était : *Terre*. Dans ce moment Hensel, suivi par Steding et trois cents hommes, arriva au pont. Connaissant à fond tous les coins et recoins de toutes les fortifications de la ville, Hensel escalada le bastion non défendu, tua un factionnaire à moitié endormi et menaça de mort un autre factionnaire, s'il ne lui livrait le mot de passe. Le mot fut livré. Hensel ouvrit la porte et les trois cents, massacrant tous les factionnaires accourus, passèrent et conduits par Hensel, arrivèrent par de petites ruelles, sains et saufs à la place du Dôme, où ils se rangèrent en bataille, attendan de pied ferme les soldats anabaptistes qui, avertis enfin par les tambours, s'assemblèrent et marchèrent d'un pas décidé, Krechting, Tylbek et Rottmann à leur tête, contre l'ennemi. Les Anabaptistes, furieux d'avoir été surpris et décidés à mourir plutôt que de se rendre, se ruèrent comme des forcenés sur ces intrus téméraires, en tuèrent une centaine et poussèrent les autres dans un cul de sac appelé *petite chapelle de Sainte-Marguerite.* Steding et quelques officiers se crurent perdus. Mais Hensel qui connaissait une poterne conduisant à travers une maison dans une autre rue, l'enfonça et par cette ruse les ennemis que les Anabaptistes croyaient avoir devant eux et perdus, tombèrent subitement sur leurs derrières et la lutte recommença terrible, avec acharnement et sans quartier. La porte de la ville, par laquelle Hensel et les trois cents avaient pénétré, venait d'être refermée. Les femmes guerrières, croyant la victoire assurée, envoyèrent à travers l'obscurité des flèches enflammées sur les soldats de l'évêque qui s'étaient approchés des remparts pour les escalader. » Arrivez donc, leur crièrent ces femmes, les vôtres sont rôtis à point. Nous avons faim !

Les soldats, se rappelant les malheurs du dernier assaut, se retirèrent.

Pendant ce temps Steding et Hensel ayant repris le dessus, poursuivirent les Anabaptistes affaiblis qui s'étaient solidement barricadés. La victoire n'était pas décidée. Les Anabaptistes étaient exténués, les Catholiques étaient plus que décimés. Une trêve fut proposée par Steding et acceptée par les défenseurs de la ville. Cette trêve était une ruse de guerre. « Nul doute, dit Kerstenbrok, que si les Anabaptistes avaient continué la lutte comme ils l'avaient commencée, pas un des soldats de l'évêque ne serait resté en vie. » Où donc est la cause de cette défaillance ? Selon moi elle est uniquement dans la mort des chefs. En effet, Tylbek et Rottmann venaient de tomber héroïquement. Krechting, à son tour, venait d'être blessé ! La proposition d'une trêve qui, certes eût été refusée par Rottmann et Tylbek, fut acceptée par le roi Jean qui demanda aux Catholiques de se rendre, en leur garantissant la vie sauve.

Steding traîna les pourparlers en longueur, en demandant de quitter la ville avec tous les honneurs de la guerre. Pendant ce temps et le jour commençant à poindre, il envoya un enseigne avec un drapeau plié sur les remparts qui, en déployant son drapeau, cria : « victoire! victoire! La ville est à nous! » Puis retournant auprès des siens, l'enseigne leur annonça, sur l'avis de Steding, que toute l'armée était aux murs à l'assaut. Dans ce moment les Anabaptistes, se voyant trahis, recommencèrent la lutte et se battirent jusqu'à huit heures du matin, mais sur ces entrefaites les soldats de l'évêque avaient escaladé les murs peu défendus et joignirent leurs amis maltraités au marché, en répétant les mots de l'enseigne : « victoire ! La ville est à nous ! »

La ville, en effet, était prise !

Alors se présenta un spectacle qui n'a son égal dans l'histoire, que dans la prise de Magdebourg, par Tilly.

XXIV

A l'exception d'une trentaine de combattants,
auxquels, pour les engager à se rendre, Steding garantit la vie, à condition d'être escortés dans le camp
— où d'ailleurs plusieurs d'entre eux furent condamnés à mort et exécutés — tous les *pâles*, (c'est
ainsi qu'on appela les assiégés, à cause de leur extrême pâleur) furent massacrés sans pitié. Mais
comme après un massacre de plusieurs heures, les
soldats se ruèrent sur le butin, songeant plutôt à
piller qu'à tuer, plusieurs Anabaptistes purent se
cacher et se sauver par la fuite.

La ville entière fut mise à sac. Toutes les maisons
furent vidées jusqu'aux quatre murs. Le butin à
peine réuni au marché, excepté celui fait et gardé
en fraude, les pillards se mutinèrent et se massa-
crèrent entre eux. Un nouveau regain de pillage, les

calma un peu. Toutes les femmes jusqu'aux jeunes filles de dix ans, furent violées et massacrées pendant les premières trois journées.

Le Roi s'était réfugié derrière la porte d'Egide, dans l'espoir de se sauver par la fuite. Il fut livré par un garçon. Knipperdolling s'était caché dans une maison tout près de la porte neuve. Son hôtesse, pour sauver sa vie, le trahit et le livra.

Kerkering et Krechting, ce dernier blessé et gisant dans la rue, furent également faits prisonniers.

Divara, la reine, la femme et la belle-mère de Knipperdolling sont les seules prisonnières citées par Kerstenbrok. Elles furent décapitées, le 7 juillet et moururent courageusement. Toutes les autres reines furent massacrées, après avoir subi le dernier outrage dans le sac de la ville.

Il y avait tant de cadavres non enterrés dans la ville que la peste s'y déclara et que l'évêque s'y étant rendu pour recevoir sa part de butin, n'osa pas y rester plus de vingt-quatre heures. Cent mille florins trouvés dans le trésor du Roi et la moitié de tout le butin formaient la part de l'évêque.

Le Roi, Knipperdolling et Krechting (Kerkering venait d'être écartelé) furent réservés, chacun dans une cage de fer, et promenés dans toutes les villes de l'évêché infectées d'anabaptisme. Puis, ils furent séparés pour obtenir d'eux des aveux et des rétractations.

L'évêque fit venir le Roi à son château pour l'interroger lui-même.— Pourquoi as-tu rendu le peuple de Munster si malheureux? lui demanda-t-il. François de Waldek, répondit Jean, si les choses étaient allées par mon avis tous seraient morts de faim, plutôt que de te laisser entrer dans la ville.

— Et pourquoi t'es-tu fait Roi ? Qui t'en a donné le pouvoir ?

— Qui t'a fait évêque, toi ?

— Le chapitre du dôme et le pape, répondit l'évêque.

— Et moi, répliqua Jean, c'est Dieu lui-même qui m'a sacré Roi.

L'évêque l'envoya au duc de Clève comme objet de curiosité.

Le Roi, dans ses tristes pérégrinations, sut garder son sangfroid, sa gaieté même et répondit souvent avec une pointe de raillerie à ses malencontreux interrogateurs.

A Dulmen, un conseiller lui demanda pourquoi il avait épousé dix-huit femmes ?

— Je n'ai pas pris dix-huit femmes, répondit-il, j'ai pris dix-huit vierges et j'en ai fait des femmes.

Le Roi avoua ses torts par rapport à la polygamie.

Il renia aussi les points anabaptistes par rapport à l'autorité, l'expérience lui ayant prouvé, que nulle société n'était possible sans le glaive de la justice.

Mais il persista dans ses opinions sur tous les autres articles des Anabaptistes, y compris le baptême des enfants.

Knipperdolling refusa le prêtre. Il fut appliqué à la torture, mais on ne put lui arracher le moindre aveu.

« Je ne me connais pas de péché, disait-il, je n'ai jamais agi que dans l'idée de glorifier Dieu et de faire du bien à mes semblables. Ma femme seule aurait des reproches à me faire. »

Sur la demande pourquoi il avait renié les principes catholiques et évangéliques, il répondit : que l'on n'honorait pas Dieu en priant et en chantant, mais en faisant du bien à son prochain.

Krechting ne daigna faire aucune réponse. Il pria le prêtre de le laisser mourir en paix avec sa conscience.

Après six mois de tortures et de captivité, les trois prisonniers furent transportés à Munster pour y être exécutés le 22 janvier 1536, en présence de l'évêque de Munster, de l'archevêque de Cologne et du prince de Clève. Le mauvais état de santé de la ville s'était opposé à ce que cette exécution eût lieu plus tôt, en présence de ces nobles vainqueurs.

Ici je me borne à citer textuellement Kerstenbrok qui a assisté à cette triple exécution.

« L'échafaud était dressé au marché, à la place » où naguère était le trône du Roi Jean. Arrivés » sur l'échafaud, ils se jetèrent tous trois à terre, » en criant : « Dieu notre père, accorde-nous la » force d'endurer ces souffrances et sois-nous pro- » pice. » Après avoir entendu la lecture du juge- » ment, les valets du bourreau jetèrent un carcan » autour du cou du Roi et l'attachèrent au poteau. » Saisissant alors des tenailles de fer rougies à » blanc, ils lui arrachèrent, pendant une heure, des » morceaux de chair de toutes les parties du corps.

» A chaque coup de tenailles une petite flamme » pétillait et la chair crépitante répandait une odeur » nauséabonde, à tel point que j'étais forcé de me » boucher le nez. Pareille chose fut faite à Knip- » perdolling et à Krechting, mais ils ne supportè- » rent pas ces martyres avec autant de sangfroid » que le Roi. »

» Knipperdolling, voyant les souffrances du Roi,

19.

» se pendit au carcan, dans l'intention de s'étran-
» gler. Ce voyant, les valets le saisirent, lui firent
» passer une corde à travers les dents, et le tinrent
» si serré contre le poteau qu'il ne put plus faire un
» mouvement. Après les avoir martyrisés de la sorte
» pendant une *mortelle* heure, (c'est le seul mot de
» compassion de notre chroniqueur), on leur arra-
» cha à la fin la langue avec d'autres tenailles brû-
» lantes. Puis on leur perça le cœur d'un poignard
» chauffé à blanc. Leurs cadavres furent mis dans
» des cages de fer, les têtes attachées au haut de la
» cage, et pendus à la tour Saint-Lambert, le Roi au
» milieu de Knipperdolling et de Krechting (1).

» La chair et les os ont disparu, sous l'influence
» des intempéries.

» Les cages y sont restées. Les tenailles de fer ont
» été scellées à une colonne de l'hôtel de ville, afin
» de servir d'épouvantail à tous ceux qui seraient
» tentés de les imiter. »

La ville perdit toutes ses libertés. L'évêque fit
raser les fortifications et éleva une citadelle où se
tenait son lieutenant, maître absolu de la ville. La
religion catholique fut restaurée avec tous les priviléges du clergé et avec tous les couvents. La religion évangélique fut bannie de la ville, malgré la
coopération de quelques princes réformés contre
les Anabaptistes. La moitié des revenus de la ville
furent déclarés propriété de l'évêque, en dehors des
impôts.

Quelques années plus tard, le duc de Brunswick,
envahissant l'évêché, pilla et mit à sac le somptueux

---

(1) On n'osa même pas mettre en liberté leurs cadavres, de
peur qu'ils ne fussent enlevés.

château d'Iburg et força l'évêque, non-seulement à
lui céder l'évêché de Minden, mais à lui payer une
grosse rançon pour l'évêché de Munster.

La ville de Munster, profitant des embarras et de
la pénurie de l'évêque, racheta ses libertés municipales et ses anciens droits pour quelques milliers
de florins. La citadelle fut rasée et l'ancien Conseil
municipal, sauf quelques priviléges des Guildes,
rétabli.

L'évêque abandonné par les princes de l'Empire,
tomba malade de chagrin, d'aucuns disent de remords. Pendant des années, il s'enferma dans sa
maison, son château ayant été mis en ruines, sans
recevoir personne, en traînant une vie d'infirme.
Complètement oublié, même de ses amis, il mourut
le 15 juillet 1553.

Quelques années plus tard, les Catholiques et les
Protestants se mirent à s'entr'égorger par milliers
pendant trente ans.

Et cela n'est pas fini. Car ni les uns ni les autres
n'ont jamais fait leur devoir, et quiconque ici bas
ne fait pas son devoir, perd inévitablement ses
droits !

CONCLUSION

Les nombreux historiens que j'ai consultés sur les événements que je viens de raconter, tels que : Kerstenbrok, Hast, Jochmus, Corvin, Méhovius, Hamelman, Weber et Rotteck, non-seulement ne savent pas s'expliquer cette guerre dans ses péripéties les plus tragiques, mais ils restent tous stupéfaits devant l'apparente soudaineté des faits, et sauf Hast, qui plaide les circonstances atténuantes au nom des principes, tous se bornent au récit des événements qu'ils présentent les uns, comme des œuvres diaboliques, les autres, comme des cas d'aberration mentale, d'autres enfin, comme des châtiments inévitables de la fatalité céleste.

Voici les explications plus que naïves du contemporain Kerstenbrok, catholique et ami de l'évêque. Elles sont curieuses à plus d'un titre. Quoique un peu longues, nous les rapportons textuellement, parce qu'elles donnent une idée des croyances astrologiques de l'époque.

« Les événements extraordinaires que je vais
» conter ont été annoncés par des avertissements
» réitérés du ciel et des constellations, car Dieu
» annonce toujours les grands malheurs dont il

» frappe les pécheurs récalcitrants, afin qu'ils puis-
» sent les détourner d'eux par le repentir.

» Dans l'an 1532, au mois de septembre, pendant
» plusieurs semaines, deux heures avant le lever
» du soleil, une comète se montra sur la poi-
» trine du Lion que l'on appelle Basilic, prenant
» son cours à travers la Vierge vers la Balance. Le
» Lion est une constellation contraire à notre con-
» trée; il annonce toujours des troubles. Si une co-
» mète paraît sous le Basilic, cela indique qu'un
» roi étranger arrivera, et par son ambition affligera
» le pays d'une guerre cruelle. C'est ce qui est arrivé
» à la ville de Munster.

» Dans l'an 1533, une comète bien plus considé-
» rable et plus brillante, comme un messager de
» notre misère prochaine, parut à l'horizon et sem-
» blait ne plus vouloir se dérober à nos yeux. Le
» matin, l'astre était droit sur notre zénith, éten-
» dant horizontalement sa queue extrêmement
» longue vers la terre. Comme les comètes vont
» tantôt vite, tantôt lentement, il s'ensuit que leurs
» queues ne se tournent pas toujours vers le même
» point de l'Univers, la direction changeant avec
» le mouvement de la terre. Cette comète, dont
» la queue avait la forme d'un glaive, s'est tou-
» jours tournée vers la ville de Munster. Elle s'est
» montrée d'abord dans le Capricorne, dont les as-
» trologues disent qu'il est porté sur les épaules
» d'un pauvre homme, prenant son cours à travers
» le glaive de *Persée*, armé d'une épée et de la tête
» de Méduse, allant jusqu'à la Cassiopée, puis elle se
» montra pendant quelque temps dans la voie lac-
» tée. On remarqua en outre qu'elle prit son cours
» dans un ordre renversé, du levant au couchant

» ce qui annonce des changements extraordinaires
» dans l'ordre établi. Car que peut signifier ce bouc
» puant et lascif porté par un pauvre, bramant après
» la bique et dont l'œil noyé de volupté clignote
» toujours de travers, que peut, dis je, signifier
» ce *bouc à plusieurs chèvres*, sinon qu'un conduc-
» teur du peuple sera élu parmi la canaille et que de
» sa lascivité il souillera le troupeau entier en en-
» seignant l'impudeur et le libertinage aux femmes?
» L'étoile *du Persée armé* ne signifiait pas autre
» chose que l'avénement d'un roi, gouvernant le
» peuple tyranniquement et finissant dans le sang
» par les armes. Et la tête de la Méduse pétrifiée? Elle
» disait qu'un grand nombre d'humains, par la doc-
» trine anabaptiste, seraient métamorphosés en
» pierres, et tellement pétrifiés que nulle autre
» doctrine ne pourrait les faire changer! Et le cours
» renversé de la comète? Il annonçait que les
» vieilles lois seraient abolies et que d'autres, dia-
» métralement opposées, les remplaceraient. Et la
» *Cassiopée?* Ne disait-elle pas clairement que le
» sexe féminin courrait de grands dangers et que
» beaucoup de vierges, non encore nubiles, mour-
» raient par des outrages?! »
» Or, les comètes annoncent toujours de grandes
» guerres et de grands changements. La comète de
» 1531 apparut d'abord avant le lever du soleil, puis
» elle fut visible après le coucher du soleil, pen-
» dant trois semaines, traversant l'Ecrevisse, le Lion,
» la Vierge et la Balance, où elle disparut. Cette co-
» mète était une constellation hostile à l'Allemagne.
» *Elle a suscité des troubles en Suisse, elle a tué*
» *Zwingli. Elle a annoncé encore d'autres malheurs.*
» Tous ces signes n'étaient pas de vaines prédic-

» tions. Les habitants de Munster *auraient pu les*
» *palper de leurs mains*, s'ils n'avaient pas été per-
» vertis par les doctrines subversives et pétrifiées
» de leurs prophètes. Mais ils ont dit que cela ne
» leur faisait rien. *Et comme malgré eux, ces signes*
» *leur ont été donnés comme de réels avertissements*
» *d'en haut, il s'ensuit qu'il serait injuste d'attri-*
» *buer leur misère à Dieu. Eux seuls ont été la cause*
» *de leurs malheurs.* »

L'homme qui a écrit cela était de bonne foi, et de tous les historiens des Anabaptistes, c'est lui, leur ennemi, qui est à la fois le plus instructif et le plus intéressant.

Les autres, s'élevant à des considérations historiques et scientifiques, ne sont guère supérieurs à Kerstenbrock.

Admettons un instant que des mouvements comme ceux des Anabaptistes soient les effets d'une doctrine de folie et d'aberration mentale. L'humanité a donc des accès de folie, et à regarder son histoire pleine d'atrocités extravagantes et de sanglantes démences, ces folies seraient périodiques et intermittentes ? En ce cas, non seulement l'humanité et partant l'homme ne seraient pas libres, mais il n'y aurait plus de responsabilité nulle part ! L'histoire ne serait plus qu'une collection d'événements d'une grande maison de fous et les historiens des rapporteurs aliénistes, spécifiant et analysant les cas !

Avec la disparition de la liberté et de la responsabilité humaines, disparaît en même temps toute idée de Dieu et d'un Créateur intelligent.

Si Dieu n'a pu créer les hommes qu'à condition de les laisser périodiquement s'entr'égorger dans des accès de folie, il eût mieux fait d'apprendre un métier plus noble et plus utile !

Comment, d'ailleurs, expliquer l'existence de plus de cent mille êtres de raison, hommes, femmes, adolescents et vierges, préférant la mort plutôt que de retracter un seul point de leur foi? Si ce sont là des fous, il n'y aurait plus que les bourreaux méritant le titre de sages !

Des historiens modernes, plus impartiaux, attribuent l'existence de la secte anabaptiste à la grande misère du peuple, qui profitant de l'affranchissement du joug clérical par Luther, ont voulu en même temps briser le pouvoir féodal et nobiliaire, ne tenant compte ni des situations, ni du temps, et se perdant par l'anarchie et le communisme. Ne pouvant pas rattacher la *Guerre des Anabaptistes* à la logique universelle de l'histoire qu'ils ignorent, ils la traitent comme un épisode, à la fois curieux et tragique, en dehors de toutes les prévisions humaines, comme si l'histoire était un effet du hasard, au dessus de la liberté humaine, au dessus du pouvoir des hommes.

Croyant, les uns au miracle et à la grâce, les autres au pardon avec ou sans l'œuvre, ils ne savent pas s'expliquer ces éternels malheurs, ces guerres continuelles, ces atrocités inutiles, ces pestes, ces famines qui ont continué à désoler l'Europe, même après le triomphe de la doctrine de Luther, même après la défaite complète des Anabaptistes. Avec la Réforme un nouveau monde devait surgir, un nouveau paradis devait descendre du ciel sur la terre, et voilà que l'histoire, au lieu de n'être qu'un roman plus ou moins intéressant, continue d'être un éternel registre obituaire, ne relatant que d'horribles guerres d'extermination : *guerre des Paysans, guerre des Anabaptistes, guerre de Trente ans ;* guerre en Allemagne ; guerre en France entre les Huguenots et les Catholiques, guerre civile et étrangère en Angleterre depuis Henri VIII jusqu'à Guillaume d'Orange ; guerre contre Louis XIV ; guerre religieuse s'il en fut, où des bataillons de Huguenots français se battaient au premier rang contre la France des dragonnades, puis encore *guerre de sept ans.*

Et tout cela parce que les uns voulaient dire la messe en latin et les autres en français ou en allemand !

Ce serait vraiment trop de bruit, pour moins qu'une omelette !

Quelques historiens philosophes voient dans ces luttes atroces, la guerre entre la liberté et la tyrannie, entre la liberté de la pensée et le dogme imposé. Mais dans ce cas, comment se fait-il que la liberté ne soit pas triomphante, que le progrès, pour lequel des milliers d'hommes meurent, recule pour des siècles entiers ? S'il faut acheter le peu de libertés qu'ont certains peuples, par des torrents de sang et des milliards de cadavres respirant encore la jeunesse et la beauté, vraiment le jeu n'en vaudrait pas la chandelle ! Et si cela doit continuer ainsi, si l'histoire n'est qu'une tragédie sanglante, jouée et racontée pour amuser quelques oisifs, mieux vaudrait fermer le livre et faire un saut dans l'éternité, la seule liberté réelle qui distingue l'homme de la brute ! Si l'histoire de l'homme dans le passé, n'est pas le tribunal de la justice de Dieu, ici-bas même, cette justice n'existe pas non-plus dans le présent. Dieu ne peut progresser. Ou il fut toujours ce qu'il est et ce qu'il sera, ou il n'est pas Dieu !

Ne l'étant pas, et la justice n'étant qu'un vain mot, il n'y a plus d'autre Dieu que la Force. Alors, plus de liberté ! plus de dignité ! plus de vérité ! plus de vertu ! Car, sans justice et sans vérité, la vertu n'est qu'une duperie ! Alors, plus de progrès et plus d'humanité ! Le hasard ! le néant !

Horreur ! Heureusement je puis ajouter : *Erreur !*

Il existe un seul Dieu et une seule Loi dans toute la nature, depuis les planètes jusqu'aux derniers des êtres ; loi que Dieu ne suspend ni ne viole une seule minute. L'histoire des humains, depuis la création du monde, n'est que la preuve en chair et en os de cette loi éternelle et immuable.

Cette loi s'appelle Justice !

Elle s'exécute, soit par vertu, c'est-à-dire par un devoir accompli *volontairement*, soit *forcément*, par un devoir imposé par la société.

Tous les êtres sont créés pour atteindre à la justice par le devoir et par la justice au bonheur. Les êtres non doués de liberté, ne manquent jamais au devoir pour lequel ils ont été créés. Seul, l'homme arrive au devoir par la liberté. Le droit comme abstraction et non corrélatif au devoir n'existe pas et n'a jamais existé. *Il est exclusivement le fruit du devoir accompli. Du devoir accompli de l'un jaillit le droit de l'autre. Il n'y a pas d'autre droit !*

Seul, l'homme a la liberté de manquer au devoir. De ce manque de devoir sort le mal, qui est *la négation du Droit. Le mal n'est pas une création divine; il ne doit son existence qu'à la violation ou au non accomplissement du devoir.*

Quand l'homme, pour son corps, manque au devoir de la propreté, il lui vient de la vermine, qui ronge ce même corps. La vermine est un mal créé par la violation du devoir de propreté.

Les fléaux sociaux sont la vermine de la terre ; ils en sortent quand l'homme viole ses devoirs de culture envers elle. Cette vermine s'appelle : monstres, serpents, tigres, pestes, fièvres, infections, car les maladies proviennent presque toutes des animalcules répandus dans l'air, ravageant tout aussi bien ceux qui commettent les crimes que ceux qui n'ont pas tout fait pour les rendre impossibles. De même les éléments. Leur influence bienfaisante ou malfaisante vient des devoirs humains accomplis ou violés. En ce sens l'astrologie représente un grain de vérité, mais elle prend l'effet pour la cause. La perturbation des astres et des éléments indique naturellement des malheurs, non comme causes miraculeuses, mais parce que la corruption de la loi par la violation du devoir, corrompt en même temps les éléments, qui deviennent des fléaux. L'extrême rigueur des éléments s'associe toujours, dans les grands événements de l'histoire, aux grands châtiments provoqués, non par un miracle, mais par les causes naturelles de la corruption des lois de Dieu et de la nature.

Si tous les hommes étaient justes — et tout homme, à moins qu'il ne soit fou, sent d'instinct ce qui est juste et ce qui ne l'est pas — tous les hommes seraient heureux, chacun selon ses facultés, car l'homme n'a pas pu être créé plus divin, plus immortel qu'il n'est, attendu qu'en vertu de la même LOI UNE, NULLE FORCE NE PRODUIT UNE AUTRE FORCE ÉGALE A SOI. *Nul être créé n'est éternel, quel que soit son nom !*

Et les hommes sont admirablement hiérarchisés par la nature et pour les besoins de la terre. *Un chiffre pour des milliers de zéros, un penseur pour des millions de travailleurs,* pourvu seulement que les chiffres soient devant les zéros pour leur donner une valeur.

Le premier devoir de l'homme est donc d'être librement juste par le devoir volontaire qui s'appelle : *Vertu.*

Et le premier devoir de toute société humaine, de tout pouvoir social, est de forcer chacun de ses membres, à défaut de ce devoir volontaire, d'être juste obligatoirement, par le devoir imposé, au nom de la *Justice.*

Pour être librement juste et pour connaître son devoir dans n'importe quelle situation, on n'a qu'à se poser la question que voici : *Si tout le monde imitait l'action que je vais faire, que deviendraient la maison, la famille, la cité, la patrie, l'humanité ?*

Si l'action exécutée par tous met en danger la famille, la cité, la patrie, elle est mauvaise, quelle qu'en soit l'heureuse apparence. Si, au contraire, elle contribue au bien de tous, malgré une apparente laideur, elle est bonne, elle est belle, elle est juste, quelle que soit l'opinion de la foule et dût-elle être condamnée par la main du bourreau !

Ce critérium est infaillible et absolu !

L'autorité donc, sous n'importe qu'elle forme, n'a d'autre devoir que de représenter la Justice, afin de forcer les forts, n'ayant pas assez de vertu pour accomplir leurs devoirs volontairement, de les accomplir *forcément,* car des devoirs seuls des forts et des riches jaillissent les droits des faibles et des pauvres, droits dont le respect assure la

20.

paix, l'ordre et la prospérité. Une fois ces devoirs violés, et les droits naturels qui en sont les fruits compromis, les maux qui en jaillissent, et que nul pouvoir ne peut arrêter, retombent sur les forts aussi bien que sur les faibles, sur les gouvernants aussi bien que sur les gouvernés, sur tous les pays, sur tous les êtres!

D'un gouvernement tyrannique ou anarchique aux Indes, en Egypte, sortiront des pestes, des choléras, des maladies planétaires, qui, en peu de temps, ravageront toutes les contrées de la terre.

La République n'a pas d'autre avantage sur la Monarchie, que parce que par l'élection elle peut, sans révolution, se débarrasser d'un pouvoir prévaricateur. Par contre, si elle se base sur *le droit sans devoir*, elle disparaît plus vite que la Monarchie, attendu que l'anarchie est au despotisme ce qu'est une maladie aiguë à une maladie chronique.

Il importe peu à Dieu que l'homme l'adore ou ne l'adore pas. Qu'on l'adore selon Moïse, Jésus ou Mohamed!

L'idolâtrie ou l'athéisme en soi, ne fait rien à Dieu ni à sa loi; mais l'idolâtrie et l'athéisme, étant basés sur le despotisme et l'anarchie, c'est-à-dire sur la violation du devoir, les hommes connaissant la loi de Dieu et de la nature, peuvent avec certitude annoncer pour ces pays tous les malheurs, toutes les négations du droit qui naissent naturellement des violations du devoir, sans craindre qu'un pouvoir divin quelconque intervienne pour détacher les effets de leurs causes.

L'idolâtre ne se crée un Dieu que pour se faire pardonner ses vices et ses crimes, fruits de ses passions et de ses violations du devoir.

Le pouvoir idolâtre, au lieu de garantir les droits des faibles par les devoirs des riches, vit aux dépens de ces faibles lui-même. Il leur prend les fruits de leurs travaux ; il leur prend leurs femmes et leurs filles pour ses concubines et ses maîtresses ; il leur prend leurs fils pour s'en faire des instruments, afin d'empêcher les faibles opprimés de s'associer pour assurer leurs droits et forcer les forts d'être justes ; il se crée des prêtres, ses associés, qui, au nom de Dieu, sanctifient ses crimes par un pardon solennel.

Tout Dieu qui pardonne est un faux Dieu, qu'il s'appelle Jupiter, Jéhovah ou Jésus !

Dieu n'est Dieu que parce qu'il est toujours la justice. Car la justice est en Dieu, a dit Moïse (1).

Si Dieu avait jamais pardonné une iniquité, il les aurait toutes pardonnées, et il n'y aurait jamais eu ni guerre, ni anarchie, ni despotisme, ni révolution, ni peste, ni même une maladie, car toutes les maladies viennent originairement de la violation du devoir, s'appelant débauche, excès de jouissance ; de la violation enfin de la loi de la nature.

L'athée arrive au même résultat ; seulement il y arrive plus vite. Ne croyant à aucune loi de justice supérieure, il nie le devoir, et par conséquent son droit n'est absolument que le droit du plus fort.

Si dans la nature il n'y a pas de loi immuable, en vertu de laquelle tout existe, une loi de justice inexorable, de quel droit et par quel moyen forcer le fort de faire son devoir et de ne pas exploiter le

---

(1) « Tu n'auras pas égard au visage dans la justice, tu écouteras le petit comme le grand, tu ne reculeras pas devant un homme, *car la justice c'est Dieu.* » *Deutéronome*, chap. I, v. 17.

faible? (et il y a toujours un plus fort, si ce n'est un, ce sont trois, quatre, mille, cent mille.) Comment garantir les droits des uns, sinon par les devoirs imposés aux autres? Comment, et en vertu de quel pouvoir, imposer ces devoirs, sans *une Justice éternelle, immuable, inexorable*, qui gouverne l'univers, qui jamais n'a varié, et qui toujours se manifeste par des châtiments qu'elle impose par son justicier: le Temps, aux criminels et à leurs descendants, jusqu'après l'expiation, ces châtiments dussent-ils atteindre la quatrième génération!

L'athée, en effet, ne connaît que la force brutale. C'est un athée qui le premier a dit: « La force prime le droit. »

Essayons d'esquisser les traits principaux de la société du Devoir.

Tout homme, tout citoyen doit avant tout à la société son travail, selon les forces de sa nature. La société, par la justice qu'elle représente, a permis à la mère de mettre son enfant sain au monde et de le nourrir. A son père la société a garanti le pouvoir de l'élever et de développer en paix ses facultés. Ce fils donc, ce citoyen, sa croissance accomplie, doit son travail et même sa vie à sa famille, à la cité, à la patrie. Il n'a jamais le droit de ne pas travailler, car son travail est une dette qu'il a contractée envers la société, grâce à laquelle il a pu être élevé, et si cette société est attaquée par un brigand représentant la force, il lui doit sa vie *volontairement ou forcément*, qu'il soit riche ou pauvre.

Par ce travail volontaire ou forcé, la société, garantissant son existence, sauvegarde, non seulement la paix et l'ordre, mais en même temps, les droits des faibles et des pauvres.

Il n'y a d'autres faibles, ni d'autres pauvres que *l'enfance, la vieillesse, le malade et l'infirme.* Un homme valide pouvant travailler est un fort. S'il ne travaille pas volontairement, le pouvoir, représentant la justice, doit l'y forcer. C'est là le premier devoir de l'autorité. Si cet homme oppose la force à la justice, s'il vole, il doit travailler pour payer le double de la valeur volée. S'il assassine avec préméditation, il doit être retranché de la société sans miséricorde. *Nul pouvoir n'a le droit de gracier un assassin.* Le crime irréparable pardonné par les hommes, engendre toujours d'autres crimes. Toute violation du devoir est expiée par quelqu'un. Le bien fait par le criminel après son crime, peut produire d'autres biens, mais jamais il ne détruit l'expiation du crime perpétré.

Vous voulez garantir les droits de la femme, qui par rapport au changement de physique par l'amour et la maternité, est un être faible, vous ne pouvez les garantir que par le devoir imposé du mariage *monogame.* Le mariage est le premier devoir du citoyen travailleur. Par ce mariage, vous garantissez en même temps les droits de l'enfant, car sans l'homme, époux et père, aucune mère n'élèvera un enfant. Elle le tuerait plutôt dans ses entrailles, au risque d'être tuée elle-même.

Vous voulez garantir la société contre la prostitution, qui, sous différents noms, relâche tous les liens, dévirilise et invalide en peu d'années la société mâle, au point de la rendre incapable de se défendre contre un ennemi puissant et cruel, jamais vous ne pourrez abolir la prostitution sans imposer le mariage comme devoir, sans défendre, sous des peines sévères, toute infraction à ce devoir, au riche comme au pauvre, aux gouvernants comme aux gouvernés. *L'égalité entre tous les citoyens n'existe que dans une vie de devoir volontaire ou forcé.* Le mépris de l'opinion, le déshonneur ne suffisent ni contre le vicieux, ni contre le paresseux, ni contre le traître. Il est des natures insensibles et perverses, qui de la flétrissure même se font une espèce de gloriole. *Il faut absolument que tout citoyen soit forcé au devoir ou retranché de la société.* Il vaut mieux qu'un membre gangrené soit retranché du corps, que de lui permettre, sous prétexte d'éviter une douleur, de le gangrener entièrement.

Quand les droits de la femme sont garantis par le devoir au mariage, la société peut frapper la prostitution des peines les plus sévères. L'adultère, la polygamie, la polyandrie, la sodomie, toutes ces horreurs ne sont que des prostitutions contraires à la loi de la nature et destructices de tout ordre, de toute paix, de toute liberté et de toute prospérité.

Vous voulez garantir les droits des riches contre les révolutions et les empiétements des pauvres qui forment la grande majorité des humains. Vous ne le pouvez que par des devoirs imposés. Quels sont, en réalité, les priviléges du riche qui travaille, (car tout homme travaille, celui qui ne travaille pas dans le bien, travaille dans le mal, et tout homme auquel la loi ferme la voie du mal, entrera forcément dans la voie du bien). Quels sont les priviléges réels d'un citoyen qui ne peut pas se livrer à des passions libidineuses, sans être frappé par la loi?

Il peut, malade, se soigner. Il peut donner de

l'instruction à ses enfants. Il peut, arrivé à l'âge, travailler moins ou pas du tout !

Pour lui garantir ces droits, la société n'a qu'à garantir les mêmes droits aux pauvres, par le devoir imposé aux riches. Par les richesses accumulées du passé et du présent, la société doit garantir au pauvre des soins quand il est malade — ce qu'elle fait par l'établissement des hôpitaux — La nourriture à ses enfants pendant la maladie — ce qu'elle est en train de faire par d'autres établissements. — Elle doit de l'instruction et l'apprentissage d'un état aux enfants des pauvres — ce qu'elle fera par l'instruction gratuite et obligatoire. — Enfin elle doit à tout citoyen, à toute citoyenne honnête qui a travaillé jusqu'à l'âge invalide, un morceau de pain, afin de lui garantir une honorable vieillesse sans être exposé à la mendicité, c'est-à-dire à l'esclavage.

Tant que la société n'aura pas accompli ces devoirs indiqués, elle ne jouira pas un jour avec paix et sûreté de ses droits.

Dans un état gouverné par cette loi du devoir, il y a une égalité complète et réelle entre toutes les classes de la société. *Tout privilége n'est que la liberté du vice.* Si le riche, de par la loi, est forcé de se marier, si la loi sans distinction le frappe, quand il commet le crime d'adultère et de prostitution, où sont ses avantages si ce n'est d'employer mieux ses richesses que le pauvre, ou de s'exercer dans des travaux supérieurs, également au profit de ses concitoyens?

Il n'y a jamais eu d'autres révolutions que celles faites par les faibles réunis en masse, contre les forts, qui, par la violation de leurs devoirs, ont privé les révoltés de tous leurs droits. Et ces révolutions ont toutes été des châtiments et des expiations. Seulement du jour que les révoltés, vainqueurs à leur tour, ont violé leurs devoirs, ou n'ont parlé qu'au nom de leurs droits, leur défaite était certaine, et c'est ainsi que l'humanité, ignorant ses devoirs volontairement ou involontairement, roule continuellement de l'anarchie au despotisme, et du despotisme à l'anarchie!

Appliquons maintenant ces principes, simples et logiques, aux événements de l'histoire humaine, et nous verrons qu'ils sont les effets matériels des causes morales, qu'ils sont uniquement les œuvres des vérités et des erreurs des humains ; œuvres logiques presque forcées, parce que conformes à la loi de Dieu et de la nature.

Un homme, connaissant cette loi, eût pu les prédire avec certitude.

La société humaine, comme une ivrognesse, chancelle depuis trois mille ans entre la violation du devoir qui s'appelle : *Despotisme*, et la proclamation des droits sans devoirs, qui s'appelle : *Anarchie!* La première forme sociétaire est celle de l'idolâtrie, la seconde, celle de l'athéisme. Toutes deux conduisent à la force brutale sans justice, au droit du plus fort. Toutes deux ne remorquent que guerres, fléaux, pestes et famines. Toutes deux sont opposées à la paix, à l'ordre, à la fraternité, à toute humanité. Toutes deux ne produisent que perturbations physiques et morales.

L'influence de la liberté du mal de l'homme sur la nature est visible. Les crimes humains peuvent produire des perturbations telles que le déluge ou d'autres fléaux non moins considérables. Les devoirs de l'homme envers la terre sont stricts. Il ne cueille ses droits de santé et de nourriture que dans l'accomplissement de ces devoirs. Si par suite d'une guerre universelle la terre entière n'était pas cultivée pendant cinquante ans, des bouleversements en masse compromettraient sûrement toute la création sur cette planète.

Toute religion non conforme à la loi de la nature, qui seule conduit à la loi de Dieu, est idolâtrique. Le pardon est pure idolâtrie. Les idolâtres de l'antiquité ne l'ont inventé que pour couvrir leurs crimes et leurs iniquités. Leurs prêtres en vivaient. Ils venaient dire aux riches : « Nos dieux courroucés ont besoin du sang de vos enfants pour être apaisés » et les parents rachetaient leurs enfants. De temps à autre on faisait un exemple sur quelque enfant royal, pour éviter les soulèvements des pauvres. Tel fut le sacrifice d'Iphigénie. La Bible, pour abolir cet abominable usage, fixe une rançon, espèce d'impôt, pour chaque enfant sans distinction.

Ces idolâtres, devenus chrétiens, n'ont accepté le christianisme que sur la promesse formelle de l'absolution de tous leurs crimes. Constantin avait fait mettre à mort plus de soixante-dix personnes de sa famille.

On connait l'histoire des Indulgences.

La société chrétienne du moyen âge, avec le servage et la féodalité, n'a donné à l'humanité aucun progrès social. Seul le mariage monogame était un véritable progrès, mais le divorce aboli et les complaisances des prêtres pour les puissants et les riches, ont absolument neutralisé tout le bien qui aurait pu sortir du devoir mutuel du mariage.

Du temps de Luther, les vices de la société catholique avaient atteint leurs dernières limites. Le célibat des moines et des nonnes innombrables, qui est une violation de la loi de la nature, avait entassé des monceaux de vices et de crimes dont les Indulgences n'ont pu ôter les effets flagrants, sautant aux yeux du peuple. Luther croyait avoir fait beaucoup en abolissant ces injustices, au risque de sa vie. Mais le pauvre, qui pour n'être plus le serf du clergé, ne l'était pas moins du gentilhomme, et le gentilhomme, malgré les sermons de Luther, sauf quelques rares exceptions, manquait à tous ses devoirs d'homme et de citoyen. Non-seulement la terre appartenait au noble, mais le travail n'était garanti nulle part. Nulle part non plus une école pour arracher le pauvre à l'ignorance, mère de l'esclavage. Nulle part un établissement pour soigner le travailleur malade. Les fils du pauvre sans instruction étaient voués au servage et ses filles à la prostitution.

Ce sera l'éternel honneur des martyrs anabaptistes d'avoir été les premiers à revendiquer ces droits, et ils les revendiquaient par l'énonciation des devoirs imposés aux forts et aux riches. Mais la vérité est à l'homme ce qu'est l'horizon du ciel à un enfant. Il ne voit pas que cet horizon, qu'il croit toucher la terre, s'étend à mesure qu'il marche. Les Anabaptistes ont nié tous les droits de la femme. Eux-mêmes ont violé les devoirs du mariage monogame. Ils ont également violé les lois du travail. La communauté des biens, non-seulement tue tout travail, empêche le développement des facultés humaines, étant, par conséquent, contraire à la loi de la nature et de l'homme, non-seulement le fainéant, le méchant, le vicieux, y vivent aux dépens du travailleur industrieux, bon et vertueux, qui finit par ne plus travailler du tout, non-seulement elle est un affront à la liberté de l'homme, mais encore toute communauté de biens conduit inévitablement à la communauté des femmes et à la guerre civile ; car, qui aurait les belles et qui prendrait les laides ? à moins que l'on n'arrive à la promiscuité absolue, qui est la destruction rapide de toute ruche humaine. Les Anabaptistes devaient donc périr et ils ont péri. Mais leur mort violente, par la main du bourreau, n'a pas tué les vérités qu'ils ont mises en lumière. Et ces vérités, ayant été méconnues, conspuées, vilipendées par leurs vainqueurs, les mêmes iniquités ont produit les mêmes fléaux, et ces vainqueurs, sourds et aveugles, se sont eux-mêmes entr'égorgés, dans tous les pays, jusqu'au moment où de grands penseurs, pénétrant la loi de Dieu, ont de nouveau proclamé les mêmes vérités, sous d'autres formules. Les mots changent, mais les choses restent les mêmes. Le dix-septième et le dix-huitième siècle ont popularisé ces vérités qui ont produit de grands biens. On ne compte plus sur le pardon de Dieu pour commettre des crimes. Cela revient, il est vrai, mais cela ne revient que parce que la démocratie athée du XIXe siècle a nié toute justice divine ! Toujours un extrême produira l'extrême contraire.

Le progrès humain est exclusivement basé sur la vérité absolue qui s'appelle *Justice sans pardon*. Dès que cette vérité est niée, soit par la négation totale de la justice en soi, soit par l'admission du pardon par un médiateur, tout droit disparait et la force prime le droit, et dès lors plus de paix ! plus d'ordre ! plus de liberté ! plus de prospérité !

Le dix-huitième siècle, plus près de la vérité que le dix-neuvième, a aboli le servage, l'inégalité civile, tous les priviléges basés sur des vices autorisés. Il a créé des hôpitaux, des écoles. C'est la plus belle éclaircie dans les ténèbres de l'humanité. La Révolution de Quatre-vingt-neuf n'a été autre chose que la chair du verbe *des Anabaptistes*, qui pendant le XVIIe siècle avait été repris, moins la communauté des biens et des femmes, par les Presbytériens anglais et américains, et, *pendant le XVIIIe, par les grands écrivains de la France*. Le XIXe siècle a tout détruit par son athéisme, qui, à son tour, a ressuscité le pouvoir idolâtrique du pardon et des Indulgences, ce qui est absolument la même chose, attendu que tous deux nient le devoir, devoir volontaire par la Vertu et devoir forcé par la Justice. Quand on peut être pardonné, point ne vaut la peine d'être juste ! Un seul repenti valant quatre-vingt-dix justes !

Depuis le XVIIe siècle, le poëte, le philosophe de génie ont remplacé le prêtre dans l'Europe catholique et protestante. Longtemps le monde a été à eux ; il le serait encore s'ils étaient restés à la hauteur de leurs devoirs, car plus que noblesse, talent oblige ! L'homme de génie seul pénétre dans les cœurs des masses ; lui seul de sa gloire, illumine la voie qui conduit, soit au paradis de la justice, soit à l'enfer de l'iniquité. hélas ! (et là seulement est la cause du recul à pas de géant de la seconde moitié de notre siècle) depuis Goëthe jusqu'à Dumas fils, le livre, le théâtre, le feuilleton, ne sont qu'un panégyrique de vices et de crimes ; une littérature toute de prostitution ! Jamais, depuis que la pensée humaine existe, pareille littérature fornicatrice et prévaricatrice, en prose et en vers, n'a vu le jour !

C'est cette littérature qui, glorifiant, d'un côté, les erreurs mortelles du moyen-age, a provoqué, de l'autre, le droit du plus fort par l'athéisme.

Aussi sommes-nous à la veille d'une conflagration générale qui, en dix ans, détruira les fruits de cinquante années de paix, gagnées par les vérités et les sacrifices des grands hommes du XVIIe et du XVIIIe siécle !

Car aucun Etat, qu'il s'appelle France, Allemagne ou Angleterre, qu'il soit gouverné par un roi absolu, par un roi constitutionnel, ou par un président de la République, par une aristocratie ou par une démocratie n'aura un lustre de paix et de prospérité assuré, avant d'avoir garanti, par des devoirs imposés aux forts et aux riches, les droits de l'enfant, de la femme, de l'infirme et de l'invalide civil.

Avec le milliard qu'a coûté la sotte et inique guerre du Mexique, on aurait pu garantir une rente de cinq cents francs à tous les travailleurs invalides de la France. Avec les cinq milliards payés aux Allemands, on aurait pu assurer l'existence de tous les travailleurs invalides de l'Europe et créer des écoles dans chaque village, et la France n'aurait jamais songé à une autre revanche qu'à celle de faire mieux encore que ses voisins.

Mais, hélas ! Jamais l'Europe n'a été gouvernée par des esprits si étroits, si ignorants, si peu philosophes, que depuis le commencement du XIXe siècle, partagé, grâce à sa littérature, entre l'athéisme démagogique et l'idolâtrie monarchique.

Et ces deux monstres d'erreur se dévoreront les uns les autres, jusqu'au moment où des hommes de génie, doués de raison, aimant la vérité pour elle-même, et revenant à la loi de Dieu, proclameront la Justice inexorable sans pardon, au nom des *Devoirs de l'homme*, car les droits n'ont jamais jailli et ne jailliront jamais que des devoirs accomplis, soit *volontairement par la Vertu*, soit *forcément par la Justice sociale.*

Imp. V. Fillion et Cie, rue des Martyrs, 18 et 18 bis

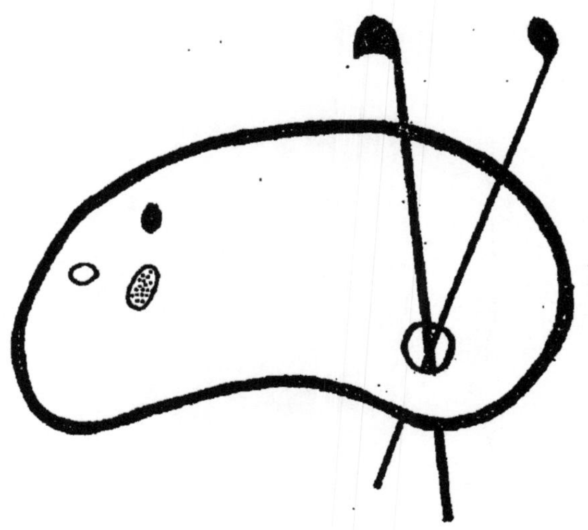

ORIGINAL EN COULEUR
NF Z 43-120-8